呆人痴語（增修版）

劉克慶 著

目錄

輯三

輯一

輯一自序

老人痴呆，可說是老者的專利，我在七十八九時就有遲鈍現象，除了注意飲食和運動外，偶爾提筆，寫寫小品文章，主要在使腦部神經多一點活動，我今已八十一歲，不覺累積起來竟有了二十餘篇，這些都是在半痴呆中完成的短篇，因爲陳稿一堆，不如集印成冊。

所言內容不限於那一範圍，亦無特定目的，興來就寫，由於個性孤傲，常有批判性意見，或異端言論，不過就木之年，其言也善，就算是呆人痴語吧！

一、傲骨連長糗事多

生來一付傲骨、自負、主觀，不滿現實，八十不改，歹命如此，想改也難，糗事滿籮框，罄竹難書。

說來四十多年前，我任陸戰一師三團重三連連長，部隊進駐射擊訓練管道，其時風氣不佳，各連都多方設法以提高成績名次，尤其對那些外單位派來的監靶記分人員特別禮遇，招待週到，用意甚明。我這傲骨連長不吃這套，反另派人員到靶溝進行反監督，要求具實報靶，不得鄉愿，其他單位不管，本連射手必須靠眞本事硬功夫爭取成績。連內官兵戰戰兢兢，個個認眞練習，我購買了好多獎品，沒有把金錢用到不當之處。最後結訓自覺滿意，但靶場隊全體成績發佈我連倒數第一，連長受到記過處分，全連官兵不爽，連靶場隊也不爽，因爲打破他們歷來最低紀錄。說實在的，當時各連成績紀錄未必眞實，只因傲骨連長不願順隨潮流，不滿風氣敗壞，硬要抗拒現實，名爲求眞求實，實際是不識時務，弄得天怒人怨記過受罰，眞糗。

當過上尉連長，以後又當少校戰防連長，我對戰防砲用了不少心思，例如研究戰防砲戰鬥隊形，自行研製戰防砲射擊預習戰車模型標靶，實彈射擊時修來修去仍舊不中，我教他們第二發一定命中的獨門方法等等，那年一師三個步兵團的戰防連野外集訓，果然發揮效果，我連表現優異，但到最後集訓大隊部發佈的成績仍舊殿後，前功盡棄。傲骨連長發了飆，與集訓大隊激烈理論，大隊長無法招架，搬來了師長孔令晟將軍，三位團長，還有幾位上級參謀，公堂之上我大聲數落集訓大隊種種不正不公，其他連長大隊長無一應聲，長官們「聆聽」我「獨唱」足足廿分鐘以上，師長未作評斷，草草結束。爭了半天，什麼也沒有爭到，班師回營一切歸零，倒是長官們對我印象深刻，你想他們眼中，我算是個好幹部嗎？天知道。

傲骨連長雖不算是個好幹部，有時也能做出轟烈大事。戰防連長期間正是全國推動充員戰士留營運動，我向全連官兵開釋意義，連內幹部十分努力，不久全連五十四名充員戰士陸續登記留營，創造了全連留營新紀錄，舉國無雙，轟動一時。司令部第一處處長陳器將軍帶我到各單位報告心得，我以「眞誠感動」相告，全是眞實故事。傲骨連長留營有功，終於算是個「好幹部」，上級主動要升我中校，「好幹部」不願撇下弟兄自己去升官，結果改爲記功。後來經過漫長歲月，留營弟兄早就退了伍，我還佔不到中校邊，直到三軍大學畢業，佔缺不升，一天司令何中將召見，事前不知何情，見面說要我去當營長，我以健康爲由拒絕。傲骨好不容易熬到個「好幹部」，上級主動升官不要，長官提拔當營長也不幹，究竟爲何？連自己也說不上，自己不糗，倒是別人感到很糗。

當離開連隊，不滿現實本性難改，陸戰月刊上時常發表文章，來自我發洩，從基層實際問題，學校教育問題，一直批判到三軍大學的教育，高級閱兵大官不知閱兵眞義，統御領導風格等等，林林總總，不滿就寫，內容不免帶點麻辣，所幸沒人注意。

終於有一次闖了大禍，寫了一篇「我的精神分裂症」刊載陸戰隊月刊，從標題便知牢騷文字。內容在說明一個基層連長，日夜跟隨部隊行動，操課演習不離，卻要每天平均處理七八件上級公文，每月開會十數次，向上級的報表五六十種，難以負荷，不免精神分裂。結果上級檢查單位認爲言論不妥。下令撤查嚴辦，連夜收回刊物，銷毀重印，事態嚴重。

一時傲骨嚇成軟骨，這不但毀了前途，也毀了後途，判刑坐牢還有退休金嗎?!因月刊由陸戰學校發行，我連忙去見校長馬紀友將軍，當然不會求情，只是說明動機，結果遭來一頓痛斥，「有意見不好好建議，爲何要公開發表」，最後聽到一句「以後還會如何……」，心想我還有「以後」嗎?!不久終於獲得上級寬恕，有查沒有辦，危機化解。發牢騷假借精神分裂，到後來弄得自己眞正精神異常，自「作」自受，糗事不斷。

傲骨在軍中說實話做實事，落得糗頭糗腦，退伍後全面改向，專玩假情假意，假模假樣，學會唱國劇，常常粉墨登場，一輩子沒做過大官，舞台上卻常扮皇帝，架勢十足，掌聲響起陶醉如痴，說假又是眞。人生如戲，戲如人生，以往演得純情逼眞，如今演來技藝精湛，一齣戲中有正派有反派，有傲骨有軟骨，角色齊全，精彩絕倫。六月廿二日在果貿社區，本皇帝又將登台，歡迎光臨，只要是好戲，那管劇情糗。

二、軍人所得課稅

最近行政院宣布軍公教人員將實施所得課稅。軍公教人員一向免課所得稅，廿多年前就有提議取消免稅以合公平原則，然而當事者反對激烈，政府不敢冒然實施。如今又將舊案重提，仍舊反對聲浪不斷，主張取消免稅者還是打著「課稅公平」招牌，所向無敵，反對者過去靠「軍公教薪資微薄」抵當，而今待遇調整已不屬微薄之列，於是端出「課稅如同減薪應有配套措施」。其實早就有配套之說，一則因爲沒有具體規定，一則其時反對仍烈，縱有配套仍不接受，如今又提取消免稅，反對者似有軟化現象，意即可以接受在配套措施下所得課稅，說穿了爭論良久都是爲了「錢」，「微薄，配套」都以錢爲著眼，我是職業軍人退休，不禁感到悲哀，想爲軍人說幾句話。

一個國家能長存於世自然因素很多，尤其在今日國際混濁之際，我們如不重視軍事武備國家恆亡，而軍人缺少尊嚴榮譽和士氣鼓勵，縱有堅甲利砲亦將無以發揮力量，當時兩岸軍事對峙激烈，軍公教免稅，固因待遇微薄，而用以激勵士氣，提高軍人地位，崇敬軍人未嘗不是重要因素。如今兩岸關係緩和，但愛軍崇軍建立軍人社會地位不可稍減，因為這是國家生存恆久不變原則，古今皆然。我們再從軍人本身言，社會上沒有一種職業比軍職更值得崇敬，因為軍人要服從命令出生入死，是以生命作資本的職業，任何危險赴湯蹈火不容遲疑，雖不鼓勵犧牲但軍人絕不怕犧牲。如果我們的軍人都能不惜犧牲生命來保國衛民，難道我們不該給予崇敬嗎！如果平時不予崇敬，戰時何來偉大軍人！我們不贊成取消免稅，因為這是國家及社會對軍人的崇敬，絕不是用配套及金錢的著眼可以取代，「崇敬軍人」的位階重要性應在「課稅公平」之上。或云：遵守公平課稅將更受社會崇敬，但被社會崇敬是一回事，而國家社會對軍人應有的崇敬是另一回事。軍紀渙散作戰不力不被社會崇敬，盡可撤換主將重振受崇敬地位，但絕不能減少或降低對整個軍人的看待。

「課稅公平」可說是人人認同的共識，如果將「減免課稅」用作對軍人的崇敬時，便不能用「課稅公平」來衡量，那是另一個因素考量，老人免費乘坐公車，同樣不能用公平去衡量，大家認為「敬老」比售票更為重要。我們要不要用免稅方式來崇敬軍人可作討論，或許要全般考量整體規劃，但絕不要維護了公平之名卻降低了敬軍之憾。基本上這不是稅收問題，因爲多收稅又從配套補償，徒增麻煩，這也不是公平問題，因爲免稅是一種優遇，是一種崇敬，不能與公平類比，這是一個軍人地位問題。當考慮課稅之際，必須想到如何敬崇軍人，如何提高待遇，尊重地位，如何使軍人在國家危急之秋，爲保國衛民不畏犧牲，這比公平課稅更重要。

三、停車收費

馬路邊劃位，停車要收費，專設停車場出入口設置柵欄，也是停車要收費，停車收費本是小事一樁，誰知這其中還有很多重大問題，值得商榷。

徵收員整日巡守馬路或停車場，來回開單，如此辛勞意義何在？駕駛人收到停車繳費單後，要尋找便利商店繳費，有時須到遠處尋找，即使找到，卻因商店附近無法停車，想繳也難，不繳又恐過期受罰，一般便利商店不受罰單，必須至指定窗口繳納罰金，可說煩惱一堆，無處停車使人煩惱，停車繳費也使人煩惱，不小心受罰更覺煩惱，如果有一天，到處都有足夠停車位，處處無須收費，豈不煩惱全無。

政府責任就是爲人民服務，爲人民解除煩惱，若做到處處有位處處免費，使人民根本不生煩惱，應該是政治努力目標，誰知在此當兒，出現了「使用者付費」這句「名言」，政府有了藉口，管你什麼煩惱，有了「使用者付費」護符，收費不受顧忌，於是到處風行。

我想動用了很多公費，興建一座立體停車場，酌收停車費以歸還公款，理屬應該，公款還清可以停止收費，不過仍有一定維護費用，還須向停車者收取，相信這些都可引用「使用者付費原則」，如果馬路邊劃格供人停車，既無須興建費，又無須維護費，何來向人民收費理由！不過有些路段人車擁擠，車多位少，爲了調節容量，不得不收取停車費，有時須計時收費，甚至加重收費，顯然這是不得已的措施，停車者基於客觀擁擠現況，有煩惱卻也無所怨尤，雖然這種狀態下收費有理，卻不是理屬當然，政府應設法改善車位不足問題，才是正確方向，才是當然之理，今天不知多少人假「使用者付費」之名，歪曲了很多當然之理。高雄市較寬馬路，全都劃好車位方格，一律停車收費，有些空曠地區，不該收費，也照收不誤，這不就是把收費視爲當然之理麼！

高市美術館用地廣闊，停車場本無收費，不知何時？市府交通管理單位，看中生財之地，也將館內停車場劃格收費。文化場所，歡迎人民參觀尚且不及，何以收費令人不便？高市幾處大賣場車位可觀，一律免費停車，爲什麼公署不如民商便民？

收費觀念也擴散到軍中，左營國軍醫院車位足夠，進門便有車輛關卡，經常有三兩位工作人員，他們既不負保全之責，也不負停車秩序，這些青壯整日消耗在這無聊收費上，眞有些浪費。住院病患中，有些需要家屬照料，或家中送食，進出頻繁，諸多不便，醫院不顧人民，只認自己收費「理屬當然」，把國家用地拿作搖錢樹，充實自己收入，竟也是見怪不怪。

高雄榮民總醫院，四周全是停車場，但仍舊擁塞一位難求，惟秩序井然，總覺這樣停車收費制度倒也良好，可是一位難求諸多不便孰使致之？似乎都沉醉在「使用者付費」迷思之中，只顧財源滾滾，無人檢討當年車位設計不足的錯誤，更不會想到應給人民免費停車的觀念。

我們都知道醫院乃公設服務機構，馬路爲便利人民而開闢，路邊停車位也是爲便民而設，這些公設機構及場所，目的在服務不在營利，公共汽車爲了服務人民，有些免費乘坐，縱然收費也極低廉，總以便民爲最高原則，免費爲最高理想，因爲人人有納稅義務，除納稅外應盡量減少向人民需索，若想盡辦法，巧立名目，只顧賺錢，不顧人民，這種功利主義，不被認同。不幸今天功利思想悄悄走進官衙，處處收費視爲當然豈不功利泛濫，更可怕的這些「收費有理」掩蓋了力求改善交通車位的施政導向，那麼建設緩慢，社會退縮，人民煩惱增加，小事一樁，其中問題何其嚴重！

四、教育高度

教改十數年來，始終沒有獲得社會滿意的成果，原因就是教育站立的高度不夠，教改專家們，總是爲教育而改教育，實際上，今日的教育，已與社會各行各業，結下密切關係，教育要站在國家的高度，爲社會整體進步，而負起教育責任，不是只爲教育而教育，也不能只爲教育而教改。

昔日農業社會，只有私塾教育，其時少數人才，就能領導社會，治理國家，教育問題極爲單純。台灣中小企業興起，輕工業發達，教育功不可沒，那也只是延長國民義務教育，促進教育普及化，全面提升國民素質，就這樣幫助了經濟起飛，使民主政治健康發展，這些以往時代裡，教育扮演的是影響角色，只要教育本身健全，在一旁努力培養人才，就能使國家進步。但今日時代已然不同，如今是一個密切配合時代，政府尤如一座龐大機器，不管國防經濟外交教育等，皆要互相協力，配合一致，機器方可運作自如，同時今天社會各行各業，都在分秒必爭，錙銖必較，講求速度，講求效率，以應付國際激烈競爭，教育已不能只在一旁培育人才，讓人才去奮鬥，教育本身也必須參與其事，以密切配合社會需要，共襄盛舉。例如：

一、全國人才供需平衡，是國家進步關健之一，教育如何做到精確評估，必須根據中央到地方各種建設計劃，施政重點，以及國際趨勢等，然後訂出教育方向，再根據社會各行各業實際人才需求，決定人才的專長等級數量地區配置等，擬定教育實施計劃，愈精準愈爲有利。顯然今天教育，對這項配合，距離尚遠，還在埋首培育人才，沉醉在舊有觀念中，不知配合爲何物！

二、因材施教，自古明訓，尤其今日職場，分工細密，專長複雜，什麼人才應受什麼教育，適合什麼工作，更須嚴格分辨，如果學生個人的性向，以及培植方向，和爾後工作崗位，三者不能相遇，形成衆多錯誤交織，必然是社會進步的障礙。目前各學校，皆以學生考試分數總和，作爲優劣名次，忽視性向志趣等因素，就是違背了因材施教原則，甚至還有所謂全校第一，全縣第一等離譜的獎勵，已與因材施教愈行愈遠，因爲這些分數掛帥，全是假性優劣分辨。在國中高中時代，宜將學生各科考分，綜合分析，求得日後適宜發展方向的結論，以取代名次，使學生沒有名次之分，個個充滿希望，行行皆可出狀元，豈非尊重個人差異，輕而易舉的事。大學聯考，一試定終身，形成升學主義，若打破舊規，改變原有學制，取消聯考，澈底破除升學主義，必能向因材施教方向前進，只因教育不能站在國家社會高位，看不到違背因材施教的嚴重，只說「聯考雖不滿意，但爲目前最公平方式」，典型的爲教育說教育，何曾有更高的思維。

三、建立正規終身學制，配合時代需要：

1.今日科技進步，日新月異，青年學子長期學習，滿腹都是科技新知，不到數年，又形落伍，故不必長期讀書，只需學會就業技能，立即就業，爾後視需要再入學就讀，然後再工作，再就學，從學習與工作交替中，成就學業和事業併步上升，乃培養眞才實學人才最佳途徑。

2.教育若只著重青年時代，使壯年以後減少了學習機會。今日社會進步如此快速，多數人踏入職場後，便缺少再學習機會，必然跟不上時代要求。我們的壽命可以老化，思想知識不能老化，尤其社會進步，更不容許知識的老化。

3.基於以上理由，我們應該打破現行學制，取消大中小學區分，廢除學籍學位，以建全證照取代，把國中以下合併爲國民基礎教育學校，養成國民基本知識，畢業證書上沒有優劣名次，只有建議發展方向，高中以上一律改爲等級不同的各種專長職業學校及研究學校，不論年齡職業，人人都很容易進入相對專長學校班級求學，修學時間得依性質彈性規定，入學從簡，畢業從嚴，人人就業一段時間，因需要及志願得繼續入學深造，如此工作與學習，交替運行，直到老退，這就是配合時代需要的終身學制。

四、當經濟衰退時，失業增加，此刻各級不同專長學校，可大量吸收失業人口，減少對社會的衝擊，另一方面儲存知識，養精蓄鋭，待機再發。盡力配合經濟景氣變動，調節人力供需平穩。我們的教育，可曾想過，對社會整體進步，這些配合責任！

以上僅是簡單數例，尚有很多改革課題，不過從舉例中，可知今日的教育改革，已不是現在的教育界或教育專家所能單獨承擔，必須包含高瞻遠矚的政治家、經濟學家、國防專家、社會學家等共同參與，教育與經濟配合，使經濟成長迅速，教育與國防配合，將增強國防力量，教育與社會配合，將使社會安定，這個時代已是密切配合時代，我們的教育，誠不容只在一旁獨善其身，不問「俗事」。必須提高教育位階，加強教育責任，教育有了一定高度後，才能為整個國家發展社會進步負起責任。

五、文化治國

我們常聽說「法治國家」「民主國家」，但從沒有聽過「文化國家」這個名詞，只有文化大國或所謂政治文化之說，若倒反稱之爲文化政治或文化治國則絕無僅有。我們中華民國政府中央，設有「文化建設委員會」，下屬各級政府都設有文化掌理單位，對文化的保存發揚及文化活動的推動都有一定政策，然而對人心的匡正，社會優良風氣的培養，卻影響甚微，原來這些匡正或培養，皆歸納於社會教育範圍，維今日的社會教育又過於保守，偏重於消極維繫，例如：

一、納稅是人民義務，但每年都有逃漏事件發生，抓不勝抓，罰不勝罰，如果教育人民養成納稅習慣，使成傳統文化，豈不增加稅收，同時又省略很多抓罰麻煩！

二、常有人說，所謂法律邊緣，法律漏洞等語，可見法律任憑如何詳細，畢竟是刻板規定，上有政策下有對策，只要有心，必然會找到邊緣找到漏洞，如果我們從養成善良人性做起，教育人人樂於守法，恥於遊走法律邊緣，使成文化特質，豈不減少犯法，降低政治困擾！諸如此類，我們的社會教育，何曾有過積極政策！

這些優質文化好處多多，政治上可說無處不需優質文化的幫助，假使眞能做到人人守法，不管治安秩序，生活禮儀，商業買賣等等，都能形成優質文化，人民個個講信守禮，那麼盜賊不興，夜不閉戶，大同世界豈不很快便將來臨。我們不解，如今的台灣，沒有一個政治人物，注意優質文化培養，非但沒有建設優質文化，反在立法院中，打架滋事，侮辱官員極盡其能事，而文化執掌單位，既無法可管，社教人員也不知如何去管，就這樣任其張狂，對社會影響嚴重，敗壞風氣莫此爲甚。我們希望：

一、強化社教功能，製訂積極社教政策，將所有社教職掌，全部歸併於教育單位，統一策劃管理推動，增加人員經費，設置專職機構，利用現有教育資源，如場地、老師、學生志工和課外活動等，充實社會教育內容，作積極性的文化發揚，教化人心，匡正社會風氣，創造優質的新文化。

二、現有的文化掌管單位，仍舊維持原有職掌，不過必須與教育單位的社教活動相結合。

三、以往我們的文化道統，蘊藏在人們生活中，發揮無形影響力量，我們必須成立道統有形組織，使成爲有內容、有活力的有形推廣力量，並將現代的民主規範，法治要求，公民生活等要素，融於一爐，蔚成一股莫之能禦的文化力量，推向全國，影響世界。

四、打破現行消極的社會教育觀念，把社教的架構重加組織，使每個鄉鎮村里，都有定時文化活動集會，務使人人樂於參與，尤如基督教的禮拜，佛教的參禪，形成習慣。我們的道統文化博大精深，與每個人的生活，以及家庭社會，息息相關，有說不完的故事，講不完的道理，宗教能犧牲奉獻，爲社會淨化人心，我們的道統文化爲何不能！今天人心不古，道德淪喪，政治就應該拿出積極教化人心，匡正社會風氣的社教政策，以文化來拯救社會，醫治糜爛。果眞能朝此方向努力，加重施政上的文化政策，那就可稱爲文化政治，日久形成力量，豈不就是文化治國麼！

六、傳統文化殺手

中國的舊式家庭，有三代同堂四代同堂，有些群居的大家族，建有宗祠，推舉族長，兒孫犯錯可由族長召集族內長輩討論並予責罰，這種傳統文化源遠流長，一般家庭無論是否幾代同堂，幾乎家家都供奉神明祖宗靈牌，逢年過節都予祭拜，在外子女盡可能回家團聚，這樣的文化有很多優點：

第一、促進家人和諧，團結在同一祖宗牌前有凝聚情感的功用。

第二、人人在神明和祖牌前不敢妄爲，出外不作惡事，至少有警惕之心。

第三、家族先人過去有輝煌成就或優良傳統，晚輩引以爲榮，常於聚會中津津樂道，足以激勵後代奮發向上。

第四、重視愼終追遠，培養孝道精神，家族相互提攜，具有穩定社會功能。

以上不過略舉數端，還有很多優點，遺憾的，西風東漸，這些優良傳統，已逐漸淡化，老人住進養老院，青年們離開父母，自組小家庭移居他處，別說承襲傳統文化，連神位祖牌都拋棄不見，對傳統文化可說嚴重摧毀，由於家庭失去精神重心，於是社會動蕩，道德淪喪，不良青少橫行，功利主義猖獗，甚至殺人亂倫，種種光怪陸離事件層出不窮。今日社會的紊亂，固然因素不止一端，舊有文化的崩毀是其重要原因。

我們不能責怪西方文明的侵襲，也不怪國人的仿效，事實上西風有它的健康背景，只是移植到東方時，我們還沒有建立起新的價值觀念，卻先把固有傳統拋棄乾淨，不得不使社會失序。本文要追究的是，誰把我們傳統文化拋棄如此快速？其重要元兇之一，莫非就是現代建築設計！三十年前台灣到處可見瓦屋古厝，如今處處皆是西式建築，可惜這些洋房，不論一般公寓豪宅，有那一户在建造時便設計有神位祖靈牌的安置位置？或許有少部分在裝潢時留有供奉神靈處所，但多不妥適，聊備一格而已，其餘幾乎沒有一户留有神靈位置，因爲在建築設計上就沒有列入考慮，人們不得已把神位安置在牆壁高處，有如托盤不佔空間，有些則在客廳一角，位置極小，有位何姓友人將神位高懸在樓梯間，上香祭拜極爲不便，更多人既因無處安置，乾脆不拜不祭。

我們必須大聲討伐那些文化殺手——現代建築設計，建築設計師們只有現代設計技術，缺少中國文化素養，他們否定家庭神祖牌位的重要，設計上全面拋棄，他們抄襲西方技術，卻不知西方精神寄托在教堂，而我們的精神文化凝聚點在家庭，這種拋棄中國神祖靈位觀念可謂罪惡深重，使每個家庭失去精神重心。

這樣一樁摧殘我們傳統文化，而且影響深遠的重大事件，建築設計者不知，政府官員不知，大學的建築系教授也不知，由於經濟繁榮，短短二三十年間就把我們固有文化摧殘乾淨，猶如文化大革命抄家滅祖，難道我們不該大力聲討麼！

七、時代洪流

社會上有大人物，也有小人物，有強勢者弱勢者，人人都有希望理想，希望有大有小，有貴有賤，唯一相同者就是要求更進步更美好。即便是最低欲望的乞討者，也想明日收獲更多。匯集眾多希望，自然地形成了一股風潮，一股進步的時代洪流，大家都在向前看，向前邁進，這股洪流是共同趨勢，不屬任何個人，也沒有任何力量，足以阻擋它的前進。

因爲洪流是眾人所聚，人人皆無法脱離洪流置身於外，洪流不斷向前推進，人人就要不斷努力奮鬥，你美好我更美好，今日美好明日更好，這樣才算進步，於是洪流沒有一刻停留，並且愈行愈快，成加速度向前奔騰。

奔騰愈快速，洪流的衝擊力愈大，於是不斷摧毀陳舊，掃除落伍，消滅怠惰，沖刷污穢，排除前進中的障礙，人們在進步中，不能稍有疏忽、錯誤或遲疑，否則就被摧毀，掃除，消滅或沖刷，毫不留情，沒有絲毫仁慈。

科學家、藝術家、思想家、事業家等等，他們都具有堅強的奮鬥精神，高遠的理想希望，常站在洪流的前端，不但不畏懼洪流的奔騰快速，甚至還成爲洪流驅動者。

有些人把希望集中在造福鄉里，最少也能貢獻給家人，改善生活，努力於有意義的事業，畢生奮鬥，常隨洪流而前進，從不落後。

有人明知洪流奔騰不停，卻又不願奮鬥，只有在洪流中，載浮載沉，驚險萬狀，轉瞬間，便淹沒於洪流中，不見身影。

至於那些，不走正路，爲害社會的人，他們既不能跟隨洪流前進，又無正確奮鬥方向，猶如沾染衣襟的灰塵，抖一抖身，便掉落洪流中，消滅於無形。

世間沒有一個人，願意淹沒於洪流之中，自尋短見的人，不是沒有希望，不是不願奮鬥，而是希望受到挫折，奮鬥遇到困難，缺少克服能力，只好沉入水底，來世再見。

弱勢和老人，本來就是洪流中，最易被淘汰的一群，這些人的生存，全靠家人社會國家的愛心來護衛，當然也有少數，靠自己的努力，老弱本身，必須自知愛惜，受到愛心的照顧，不是理所當然，一旦缺少了愛心的支援，則如垃圾一般，洪流隨時都在等著清除。

富豪的財富不屬富豪所有，那只是社會資源的暫時集中，若對社會曾有貢獻，富豪老年必受尊敬，則換來的愛心愈多，反之，爲富不仁，則與一般垃圾無異，必然被洪流所清除。那些挖空公司的董事長，惡性倒閉的大老闆，貪污腐化的高官顯要，事實擺在眼前，一一都被洪流沖毀淹沒，棄如敝屣。

只有正派經營，不停奮鬥，永遠抱著希望，追求進步的人，必定走在時代洪流前端，最少也能隨時代洪流而前進，不致像垃圾一般，被社會丟棄。

每個人出生以後，便投進時代洪流中，一任自生自滅，沒有例外，能否適應，全賴自己，洪流中只有兩條路，第一努力奮鬥，力爭上游，第二沉入水底，隨時被洪流摧毀、掃除、消滅、沖刷，兩者之間，沒有任何遲疑空間，非此即彼，因爲人人都在進步，日日都在創新，不進步就被淘汰，因此人生之路沒有選擇，這唯一的人生之路，努力奮鬥，力爭上游，雖然艱辛，但這條路上，充滿希望，光彩炫目，有滿足、有快樂、有榮耀、有成就，這條路可稱之爲幸福之路，只有你認清這條路的方向，就可說是幸福人生。

八、世界末日

最近很多人都在談論世界末日，似甚恐懼，有些人相信一九一二年會來臨，但多數人不信末日之說，不過地球氣候異常，兩極冰山溶化，海水上升，低窪國家形將陸沉，有些預測，若地球每年平均溫度再上升六度，則人類將全部滅絕，這不是世界末日是什麼！目前全世界的國家領袖，都集中在丹麥首都哥本哈根討論節能減碳問題，以減緩地球升溫速度，尤其工業國家消耗能源最多，大量排放二氧化碳，視爲地球升溫元兇，但明知禍在旦夕，卻仍舊各爲自己國家經濟發展不肯讓步，若不減碳，眼看有些國家就要陸沉，但大量減碳，工業國家又將經濟衰退難以生存，是以左也難右也難，反正末日將臨都是死路一條，看誰撐到最後。

記得很多年前，有預言世界末日來臨，當時新聞報導義大利人民很多爬到高山避難，結果一場虛驚。一九九九年又云天空行星將排成十字形狀，地球便遭空前災難，結果也是虛驚一場，世界末日來臨，誰也說不準。如今地球氣候異常，看似末日來臨跡像，但無人斷定這就是末日徵兆。地球人口不斷增加，而資源有限，一旦耗盡，不但人類難以生存，恐怕地球也會毀滅。太陽不停消耗能量，不斷放出黑子，誰能說太陽永不毀滅，我相信世界末日遲早必定會來臨，因爲這是自然循環之理，人類死亡又有新生，地球毀滅同樣也會自新的雲氣中重加組合。我們看得到的太陽毀滅了，還有看不到的太陽成千上萬，毀滅又有新生，人類滅絕後，又不知搭上那顆星球，從原始動物開始，慢慢進化，這樣輪回一次，需要幾億年幾億億年難以計算。不過我們人類須知道，幾億億年，在宇宙來說又算幾何！

人生數十年，到死感傷不已，有些文明古國有數千年歷史自以爲傲，世界上有所謂列強，有所謂大王，霸主，至今餘威猶存，一旦末日來臨，人類又重回原始，那些哀傷、傲氣、威風，所謂長久，不過是一點雨滴，自雲端迅速下降，眨眼歸於烏有，數千年歷史又算什麼！

地球太陽不可能永無變化永不毀滅，因爲這是天理循環，週而復始，任誰也難避這大自然的旋律，人生短暫，就要好好把握這有意義的短暫時光，像花朵一般，盡其所能，綻放出最鮮豔最美麗的身容，無保留的貢獻給世間，短暫花期結束，默默地安然凋謝，只留下永遠的美麗。花草尚知順其自然，人生何多強求！世界末日不過是自然現象，亦如花開花落，人生人死，自然循環生生不息，又何自恐懼多慮。

九、總統不介入司法

馬總統上任時，也是陳水扁案偵辦開始，社會要求新總統大力除弊興利，從速撤查扁案，輿論不斷鞭策特偵組，必須盡快把眞相向社會交代清楚，但案情進展，常使社會不滿，如關鍵涉案人黃芳彥，竟讓逃離台灣，扁家海外甚至島內資產，至今尚不知確數，分文未曾追回，輿論大罵總統無能，而馬總統在國民黨中常會中宣稱，寧可被罵，也不介入司法，其實人民不滿，何止司法一樁。

不沾鍋的馬總統，不介入司法，有他個人的考量，本來司法獨立，就不容任何人介入，再加司法詬病很多，而藍綠對立嚴重，一旦牽涉其中，是非難辯，這是總統寧可此刻被罵無能，也不介入司法的理由，表面是維護司法獨立，實際上缺少自信，害怕惹上一身污穢。

不過依照五權憲法，人民最高權力機構國民大會，選舉產生總統，總統下設行政、立法、司法、監察、考試五院，在總統統合下推動政務，直接向國民大會負責，這顯然是總統制政府，如今扁案的拖泥帶水，總統有權過問，這並非運用總統權力，去影響司法判決的公正，而是對司法風紀，行政效率，執行錯失等，可作要求和管理。

然而五權憲法，經多次變動，已面目全非，廢除了國民大會，總統改爲人民直選，如今的立法院，是唯一全國人民選出的代表所組成，替代了國民大會，爲全國人民最高權力機構，行政院長是國家最高行政首長，直接向立法院負責，反顧五權架構仍舊維持，並賦予總統國防外交等實際權責，卻不須向立法院負責，如此已不是完整的總統制政府，而行政院因部分職權爲總統所有，也不是完整的內閣制，結果形成不三不四的體制，雖然如此，總統仍是國家最高元首，統領五院，縱不向立法院負責，也須向直選的人民負責，司法不彰，自有絕對責任。

馬總統倒不是不三不四之人，他是位認三不認四的總統，從他多次談話中，非常認同內閣制政府，例如八八水災何其嚴重，但他盡量站在二線，直到輿論千呼萬喚，才到災區走走，他認爲這是行政院的職掌，放手由行政院去處理，如今扁案偵辦，除了維護司法獨立的藉口外，更加不三不四的政府體制，以及本人既傾向內閣制，於是很自然的把審扁問題，推得遠遠。

站在一般人民立場，那管什麼内閣制總統制，只要減輕人民痛苦，人人安居樂業，就是好總統好政府。由於歷任中華民國總統，都是強勢總統，所以人民習慣上希望馬總統，也是位強勢總統，但希望與事實相背，不得不引起民怨，這些民怨自扁案而發，卻不限於扁案而止。

其一，強勢總統既成傳統，而馬總統溫文爾雅，作風保守，人民並不習慣，不得不惹民怨。

其二，劉内閣並非強勢，吳内閣不敢逾越，馬總統不願介入，形成典型的不三不四政府，人民自然不滿。

其三，人民希望新總統要有新作爲，而馬總統似無積極鬥志，忍受唾罵實際就是怯懦無能的代號，有爲者應該化唾罵爲讚美，這才是有信心有魄力的總統，無奈成空。

其四，直接民選總統，向民眾一一握手拜票，當選後卻不與人民接觸，事事退居幕後，豈有不產生民怨。

其五，憲法並不周全，總統者可有更多發揮空間，可善可惡，此亦可能是馬總統爲國著想，朝向内閣制發展的理由，不過人民對馬總統無所疑懼，尤其今日，政治混亂，人民殷望總統，大力除弊興利，同時內閣制總統制兩可情形下，總統卻不願順應民意，採取強勢作爲，是不負責任的表現，豈能無怨。

其六，心想推動內閣制，而人民既沒有感到內閣制的迫切，強勢內閣又非一蹴可成，是以理想脫離現實，國情狀況判斷不明，民怨難免。

其七，島內仍舊處在亂世時期，外有一國兩制的壓迫，內有一制兩國的惡鬥，當此之時，必須有英雄人物出現，方可撥亂歸正，英雄可以造時勢，但時勢也可造英雄，馬總統不願做當今英雄，自有時勢英雄出頭天，我們引領以待。

十、大時代的滑稽

民國卅八年，國共內戰熾烈，我避難上海，不久投入國軍行列，隨軍來台，其時不過是十九歲的青年，同一時期，國民政府全面撤退，大批青年湧來台灣，不出幾年人人都到適婚年齡，於是結婚找尋對象，成爲社會重大問題，我到卅七歲，連一個可爲對象的相識女子都沒有。

正當煩惱之時，一位往日舊屬盧建村來見，他是土生土長的台南關廟人，有意爲我物色對象，不久便介紹村內表妹相見，一個廿出頭的如花女子，情願許配給一個卅七歲的外省籍窮軍人，眞可算天降奇緣，結婚次年，生下一個白胖男嬰，人見人愛，從此故事一幕幕。

妻常帶小孩回娘家，我多數相隨，一到岳家，左鄰右舍都來聚會，一來看看這位外省女婿，在鄉間可算少有，二來探探台灣姑娘與外省阿兵哥結婚有何新鮮，常存好奇，三來看看這白胖小寶寶，惹人喜愛，正當他們熱鬧一團，我則坐在一旁尤如木偶，只帶著一付始終如一，沒有變化的微笑臉龐，不會講一句台語，當他們一陣哄笑，我不知道在笑什麼，一陣沉靜，我也插不上一語半句，若說這場面很尷尬，倒也不是，內心卻是充滿喜悅，若說非常快樂，也不盡然，因為無法表露情感，恨無語言能力，那麼這算什麼場景？誰也說不上來，只是有趣。

小兒牙牙學語，外婆家更多人喜歡來逗笑，逗得小兒常目瞪口呆，原來在家尚可意會父母講些什麼，外婆家人講話全都異腔異調，稚兒那知什麼是國語什麼是台語，聽不懂只有瞪眼呆看，盡力猜猜大人說些什麼，猜不到或猜錯，則又是一陣哄笑。大人們在無法溝通時，便拋開小孩，嘆聲說「唉！外省嬰」！停一會又來逗玩，就這樣逗個沒完，也笑個沒完。

不久我考進台北三軍大學受訓，時間將近一年，我決心將妻兒送回岳家居住，主要用意在幼兒開始時就能學會台語，去除「外省嬰」的封號，果然，一年後效果不錯，小兒台語琅琅上口，會講的不多，但講出的言語都字正腔圓，心想下一代，必能更適應台灣社會。受訓完畢，妻兒又搬回左營自己家中，此時小兒只會講台語，我只會國語不會台語，竟然父子講話不通，前有女婿和岳父岳母言語不通，後又父子言語不通，這個時代眞會捉弄。

卅幾年過去，我慢慢學會一些台語，勉可與岳父岳母彼此溝通，小兒再也不像「外省嬰」，說台語時已無從分辨，家人對話，經常雙聲帶互通，我與妻日常對話，一半國語一半台語混雜運用，已經習慣成自然，其實很多外省人家庭，皆有類似情形，不過這算是那門子的家庭組合？

台海隔絕半世紀，政府突然開放，准許回大陸探親，回得家鄉，與鄉親們聚首敘舊，我已忘了很多家鄉母語，全用國語對話，我是家鄉人，卻不講家鄉話，鄉親們對我異樣看待，就連自家親人，數十年未曾相見，初見也覺陌生，這將從何說起！返台後遇有一些在台同鄉，偶而來上幾句家鄉土語，妻在一旁向我凝視，她未去過大陸，也從未聽過這些「蠻言蠻語」，表情中似有好奇的感覺，也有不解的困惑，結婚數十年來，從未有過懷疑，只認老公是來自講國語的外省人，一般社會也都認為阿兵哥全都是講國語的外省人，如今竟然講起另一種從未聽過的怪語，老公到底來自何方？數十年來被矇在鼓裡麼？不錯，妻正是被矇在鼓裡，我原不是來自講國語的外省人，家鄉蘇北，方言複雜，隔縣難懂，只因投軍禁講方言，從慢慢學習中，才會國語，至今尚不標準，在台老鄉，也都用國語對話，大陸開放後，同鄉間偶然來幾句土語，竟為妻所注目，相瞞數十載，想不到引起妻的困惑，不過也只是一笑相對，趣事一樁罷了。

今日大家都共同生存在這環境裡，類似的家庭到處皆有，已經見怪不怪，不足新奇，不過這些有趣故事，只有這個時代才有發生，前無歷史，後難再來，特將這些小故事記錄下來，見微可以知著，讓後世史家評論，相信他們必然說，那是大時代的滑稽。

十一、公審大會

公審大會就是鬥爭大會，是共產黨專用名詞，其實就是共黨利用群眾，進行鬥爭或殺人，以行恐怖統治。這次公審大會，乃是鬥爭我親叔並當場槍斃，當時我曾參與其會，目睹全程經過，時年不過十三、四歲，如今提筆沉重，往事如現。這是共產革命鬥爭小片段，但可窺見當時全中國混亂概貌，此後我姑父死、父親死、親叔獨子也死，都是鬥爭下的犧牲者，弄得家破人亡。

在沒有記述公審大會之前，先將我家當時概況略作說明，以瞭解被鬥爭原因，我的大祖父、祖父兄弟二人，早期沒有分家，擁有田產約六百畝，相當於今日台灣的六十甲，蘇北靠江土地肥沃，在當地可算不小的地主人家，父輩年代時局混亂，先爲滿清腐敗政權，繼有孫中山先生的國民革命，國民政府初成，家鄉又被日軍佔據，後受汪精衛政權控制，日軍投降後復歸國民政府，隨後共黨勢力進入蘇北，甚至所謂日間爲國民政府統治，夜間則爲共黨，城市爲國民黨，鄉間爲共產黨，但雙方均無法掌握全盤情勢，此時社會動亂，盜匪四起，我三弟七歲被綁票，曾付出龐大贖金，我父在日軍佔領前，當過鄉長，後轉經商，日軍投降後，我叔又接任鄉長，鄉公所就設在我家前堂，其時沒有選舉，鄉長爲政府指派。我家的背景是地主，是與國民黨有淵源關係，我的姑父又是黃埔軍校畢業，官拜少將，因此共黨把我家列爲被鬥爭的對象。

那是個晴朗的好天氣，我和克廉、克康兩弟同在離家不遠的湯名川老師所辦理的私塾念書，對於社會上一些動態不甚瞭解，早晨上課不久，忽傳今日某處要舉辦公審大會，公審對象首爲我叔劉子寬，另外還有兩名，都將同遭槍斃，我和兩弟立刻直奔會場，只見人來人往，我父我母已不知去向，我嬸在家早已魂飛魄散，會場群眾已經很多，有幾位家佣及鄰居走來走去，不知如何決定，要我們三兄弟進入囚房，見我叔最後一面，克廉弟是我叔獨生子，分外受到關注，見面都未流淚，叔未多言，可能也不敢多說，只稱三天前在牢中打破飯碗，預知必死，並要克廉弟不要念書，好好務農維生，不久退離，公審開始。

公審台上有一排長桌，上坐共黨官員，至今亦不知何許人也，自然不是法官，我叔等三人捆綁站立台上，面向大眾，台上共幹一一數落「人犯」背叛人民行爲，同時宣揚共產主義如何美好，分田分產，窮人翻身，時間非常冗長，當講到我叔是國特時，我曾幾度想跳上台去辯論，所謂國特，不過是與國民黨關係密切之人，抗戰時期毛澤東曾去重慶，與國民黨討論合作抗日，何來國特之罪？高層希望合作，爲何基層卻要把國特鬥死？然而當時氣氛，令人戰慄，再看會場人人面孔陰沉，一片肅殺之氣，不敢妄動，正在七上八下之際，忽見一名猛漢，上台連打我叔數記耳光，口中念念有詞，似在責問什麼，接著又是數記耳光，事後據大人們確認，該猛漢曾是一名土匪，多年前我叔鄉長期間，曾將捉拿究辦，如今藉機報復，我們小孩那知許多。連打帶罵一陣子，一名共幹主持者，大聲詢問台下群眾，「劉子寬地主國特剝削人民要不要槍斃」？台下無一應聲，再問數遍，仍無回應，台上共幹眼看不妙，稍停片刻，他們將台上台下共幹，分別派遣到人群之中，台上主持者，又再三數落我叔「罪行」，重行詢問群眾，要不要槍斃劉子寬？再連問數次，民眾左右顧盼，害怕身旁共幹監視，從希落直到大聲回應「該殺」，於是就這樣完成公審程序，連同其他二人，以同樣方式，詢問群眾，決定三人立即槍斃。

刑場就在會場旁邊空地，三人一一押到，併排跪地，又見該猛漢手持短刀，向我叔頸背猛刺一刀，另一共幹持短槍對準我叔腦後連射數次不發，該猛漢從口袋中又取出子彈，終於將我叔斃倒在地，其他二人一一斃倒，共幹確認死亡，宣布散會。此刻忽然間又一陣緊張，只見一群人快速一湧而上，手持草席棉被，將我叔屍體包裹捆綁，急急抬離，事前我們小孩們不知道有這些準備，原來這些搶屍的人，都是自己佃農及家佣，他們早聞共黨斃人後，多有破肚割腸挖心情事，以擴張恐怖氣氛，故迅速搶屍，避免再受傷害，這些人都是自發行動，我父我母不知逃向何方，我嬸早已不知所措。

槍殺三人，公審大會可算全部結束，人群紛紛散去，正在返家途中，突然間又大聲擾攘，人群一陣騷動，我們小孩跟在較後行走，抬頭前看，打成一團，只聽眾人口喊「就是他，就是他」，驅前觀看，一名壯漢已被眾人打倒在地，一動也不動，似被打死，這才知道，公審台上，打我叔耳光者就是這名土匪。這些群眾都是鄉民，當時在公審會上不敢反抗，脫離共幹掌控，乘機發洩，事後未聞有所追究。原是共產黨利用的「英雄」，沒人爲他追查，這可能是他們未料所及。

此後我們舉家逃亡，先去如皋，後遷南通，縣城尚歸國軍鎮守，鄉間全由共黨控制，未幾年蘇北國軍全面棄守，家人無法渡江，只我一人愴惶中隨親戚逃至上海，不久於民國卅八年春，投軍來台，時年十九歲，其後家人被鬥爭之慘烈，據稱是如東縣之首，我父文化大革命被關在豬圈裡，供以豬食，我父寧死不吃，堅持至終，不願受辱，也可算一名硬漢。

混亂時代，人命如蟻，任意施行，遍處屠殺，幼小年齡，曾看過和平軍（汪僞軍隊），一次搶斃十四名共產黨員，也有軍隊搶斃逃兵，土匪頭槍斃不聽話的小土匪，日本兵殺害我國民伕，都是親眼目睹，毛澤東說「不是同志就是敵人」，幾乎無一不殺，惡人稱爲「惡霸」必須要殺，善人稱爲「善霸」也須要殺，地主要殺，國特要殺，凡是妨礙共產革命者一律要殺，其後聞聽被共黨殺害之人，在幼小時期相識者已不計其數，共黨爲掌控人民，不惜殺人來行恐怖統治，怎奈混亂時代，就是殺人時代，奈何！

蘇聯爲共產主義宗祖國，自其總理葉爾卿及共黨總書記戈巴契夫，兩人共同向世人正式宣布，共產主義實行七十年宣告失敗，並解散蘇維埃聯邦，改行自由經濟制度，一夕間世界性的共產集團瓦解，爲防骨排效應，中共急忙宣稱實行中國式的社會主義，隨後改革開放，也走向自由經濟道路，共產革命原是一場惡夢，然而被殺的人民難以復生，我的殺父殺叔殺弟殺姑，家破人亡仇恨永遠難忘。

這場席捲世界的共產革命大風暴，我要向誰來報仇？那些殺人的劊子手嗎？他們不過是被利用的工具，毛澤東也不過風暴中一捲浪花，隨波又形消失，馬克斯是共產主義的發明者，可算得風暴主使人，其實沒有世界性的瘋狂信徒，又豈能鼓起這場巨大風暴！再追問下去，如此之多的共產信徒，從何而來？由何而生？又何故如此盲從？不覺茫然！我的仇恨向誰來報？何時得報？惟望後世，勿再盲從，勿再興風作浪，防止殺戮風暴再起。

十二、「庶民經濟」

日前行政院吳敦義院長在回答記者問題時說，他所推行的是「庶民經濟」，這是我第一次聽到的新名詞。政府官員重視庶民，體恤庶民疾苦，值得欣慰，不過若施政偏重庶民卻忽略庶民以外人民，則欠周全，難稱全民首長，或曰，在經濟上重視庶民，政治上全民一律平等，然而把經濟目標限制在庶民範疇之內，是否合乎經濟發展原理有待商榷。我們不去細究怎樣才算庶民，怎樣才算非庶民，總之泛指一般中下收入基層民眾爲庶民殆無疑問，而經濟要靠不斷投資開發然後方有繁榮才有成長，只靠庶民之力似嫌不足。庶民以上，收入較豐，或稱富民富豪，或稱巨商財團，這些皆非庶民，若把他們的財富引導至正確的經濟發展方向，將對經濟有所增益，那麼「庶民經濟」之詞顯有不合，如果把「庶民經濟」解釋爲照顧庶民，那是財富的分配問題，理應屬於政治議題。

我國一向以農立國，士大夫都有重農輕商情結，農民終年辛勞令人敬佩，對社會富人常起反感，甚至有「爲富不仁」的怨言，現今的政治人物，多少尚存留這些傳統觀念，動不動就出現反商排富言論，尤其今日民主時代，無疑的庶民必有較多票源，「庶民經濟」的提出，莫非另有所屬！

不過工商逐漸發達，農業人口已大幅下降，這不能說明不重視農業，而是說今天的經濟成長要靠工商的發達，如果經濟不斷成長，自然會改善庶民生活。因此正確的經濟發展政策，是引導富人，協助富人投向有利的生產和工商開發，我們不怕富人更富，財團壯大更壯大，解決貧富差距擴大的方法是增進庶民致富能力，使庶民皆成富民，而不是抑制富人的增多財富的成長，果如斯，則我們的經濟政策名爲「富民經濟」未嘗不可。

我們不必再有形無形的去貶抑富人，當政者不要過分自卑，我們也不必師法共黨革命時期一句「窮人翻身」的口號掀起大多數人民的奮起。我們的政府首長要有雄心壯志撇開庶民富民的低俗，以高遠的目標去發達經濟，用經濟成長來贏取民心，推動人人均富政策來鞏固政權，不怕圖利富人，不怕官商勾結，本來「圖利」就是協助發展，「勾結」就是密切配合，只要坐正行端，理由堂正，去發揚正面意義，何懼正不克邪。同時更要知道，沒有富民則庶民更多，沒有經濟則窮民更窮。

「富人經濟」的要素中，除了正確的經濟政策外，更重要的：

第一，提升富人社會地位，使有一定尊嚴，絕不再以概括性的「無商不奸」「爲富不仁」相看待。

第二，培養富人的社會責任，合理的員工待遇，保證產品品質，和對社會的貢獻價值。

第三，富人須有更強烈的愛國家，愛社會，愛人民的情操，以及更高尚的榮譽感，當國家需要，不吝貢獻，以表現藏富於民的眞實意義。

第四，消極方面，要嚴格規範工商正當行爲，糾正不當，建立富人崇高聲譽。

政府首長常須高瞻遠矚，決策帷屋，不必低頭諛庶民，不必仰首迎富人，只須把握正確政策，努力發展經濟，富人自更富，庶民變富民，哪還須「庶民經濟」，既俗又愚更小器。

十三、吃麻雀飯

家鄉蘇北，近海靠江，土地肥沃，有時遠處荒年，饑民來到家鄉乞討，俗稱「逃荒」，常成群結隊，多則數十人，其中有組織有領頭，形成丐幫。因其人眾，常有強行乞討情事，若乞討不允，即率眾自取，形似搶劫，不過皆以糧食爲主，被害人家眼睜睜儲糧被食一空，既無法阻止，報官亦無力取締，滿懷無奈。糧食吃光，饑民便揚長而去，再尋下一目標，這樣一程又一程，往往數月才轉回家中，夜宿廟宇或學校，有時攜帶簡單炊具，猶如遊牧生活。

農村稻禾成熟時，一群群麻雀在田間飛上飛下，啄食稻穀，農人驅趕無效，十分無奈，這些成群乞兒，豈不似麻雀一般，所到一掃而空，鄉人稱之爲「吃麻雀飯」。可憐饑民，靠天吃飯，遭遇荒年，被迫逃荒，他們同樣也是無奈。

我其所以要記述這段歷史，主要乃我童時見聞，如今莫說台灣地區前所未聞，即如家鄉人們，年長者多已去逝，年青輩亦難知往日情景，特以文字紀錄，勿忘家鄉，一方面期望後世，從歷史中有所啓示：

第一，當年科學落後，農家完全靠天吃飯，天災人禍難以克服，遇有荒年，生活困難，只得「逃荒」，我們必須牢記，任何事如完全靠天吃飯，必然命運難卜。

第二，吾人當有飯可吃時，必須想到無飯時，故須未雨綢繆，防患未然，往日農民靠天吃飯無可奈何，如今時代進步，環境改善，應該學會儲畜，開創，不斷追求進步，這原本是最基本的美德，何止爲了防患未然。

第三，饑民們雖然人多勢強，但他們不取任何財物，只取糧食，其行爲可惡，卻沒有引起眾怒，這是他們能夠把握原則，不越分寸，只爲生存，不得已而爲，留給人們一絲同情，也是得以長時間強勢乞討的原故。

現代社會中，有人借錢玩股票，最後弄得傾家蕩產，比饑民更痛苦，這不是失算問題，而是超限投資違背原則。有些大企業過度擴張形成危機，固是評估錯誤所致，而眞正重點是原則問題，原則上不該做，縱有百分之九九勝算也不做，該做可做勝算過半即可做，願不願做是另一考慮。什麼叫可做，拿金錢作資本曰可做，以生存做資本即不該做，如果冒險要有價值，犧牲要值得，乞兒生活艱苦，尚能掌握該做不該做原則，只取糧食，不動財物，讓人們有一絲同情，讓自己有一條生路，吾人豈不如乞兒麼！

十四、廢除死刑？

常聞「捨生取義」「殺身成仁」等語，中華文化中，有比生命更重要的「仁」和「義」，如果違背仁義的大逆不道，罪大惡極者，則處以極刑，是順理成章的事，再加社會紊亂，犯罪增加，維持死刑的存在，是目前多數人民的共識。法務部王清峰部長，遲遲不肯批准死刑犯的執行，引起社會討論。王部長就職前，原就是著名人權律師，早就主張廢除死刑，不過方法過於草率，社會多表反對，因而黯然辭職。

主張廢除死刑者不止王部長一人，國內知名之士多有人在，他們主要論點，皆以人權觀念出發，國際間已有很多國家及著名人士響應，因而王部長說「廢除死刑是世界潮流」，不過仍須等待時機的成熟。主張維持死刑有其文化背景及社會必需，而主張廢除死刑的憑藉，也有重要的人道、人權、文明要求等理由，看來短期難有爭論結果。

平心而論，今天我們的法律太過鋼性，一經判決死刑定讞，即必須執行槍決，其間沒有旋迴餘地，古代到了刑場，只要劊子手鋼刀尚未落下，一聲「刀下留人」，尚可存活一命，如今依法行事，毫無彈性，似乎今不如夕。我們的司法界及法律學者，應該研究出一套更細緻的法律，讓死與不死之間，走出一條更柔性，更有緩衝機制的法律道路，使爭論平息，使社會安靜。我們希望的原則：

第一，儘管存廢主張兩極，然而尊重生命，乃全人類共通觀點，爲求愼重，我們對死刑的法律程序，應該區分爲兩個階段，一爲死刑審判階段，根據既有的犯罪事證，公正審判，三審定讞，這是社會公理正義的護衛，不容廢除死刑的判決。一爲死刑執行階段，死刑有輕重之分，依據案情與判決後犯者反應，以及人道考量，可作不同等級的囚禁，一律以終身監禁代替槍決，這是執行技術的變通，也是人權的維護，審判和執行兩者的基礎和目的迥然不同，應該各自獨立互相尊重，即保留死刑判決，允許執行變通。

第二，所有死刑犯，一律終身監禁直到自然死亡，不得假釋，不受大赦優遇，永久與社會隔絕，等同槍決，其十惡不赦，不知悔改者，更以最嚴勵方式監禁，雖生猶死，與槍決的用意效果並無抵觸之慮。

第三，死刑監禁中，依情節得予學習及工作機會，所獲成果回饋社會、家人、及補償被害家屬，以平衡憤慨情緒，並規範終身懺悔贖罪具體行動，撫慰被害家屬傷痛，這比一死了之更能緩和社會的不平。

我們深覺，將一名死囚，眼睜睜活活處死，太過殘忍，雖然罪有應得，不過置之死地，亦難彌補傷痕，我們主張維持死刑的判決，是因為社會不能沒有公理正義。同時人道人權文明潮流亦不能不顧，不認同以槍決執行死刑，但也不主張徹底廢除死刑。宋代有位帝君因過錯必須受責，無奈脫下龍衣，鞭打龍袍以替之，傳爲佳話。是以原則並未動搖，維護公理正義象徵未變，只是執行技術的變通，相信主張死刑存廢雙方，皆可理解，雖不滿意，諒可接受。

十五、軍訓教官

從國中高中到大學，各學校都派有現役軍官擔任軍訓課程，這一制度已實施多年，到目前爲止，似乎沒有調整政策跡象。身爲一名退役軍人，不免多一份關懷。

眾所週知，軍隊的任務是保國衛民，故軍人責任重大，軍人的生活和訓練，必須嚴肅認眞。往日營區裡，有嚴格營規，作息有度，操課有表，行動有矩，警衛森嚴，衛兵操槍劈啪作響，一般百姓不敢親近。軍人外出時，服裝整齊，二人以上行走大街，必須前後成行，不可併肩而行，有眷官兵到家，應更換便服，不得穿軍服抱小孩帶妻小出遊。這些種種規定，都說明軍人生活及訓練的嚴肅，目的在保持軍人莊嚴形象，養成軍人威武精神和雄壯氣概，以備戰時執行任務，出生入死，服從命令，不畏犧牲，這就是具備軍人魂的軍人本色。這種具有軍魂的部隊，軍令如山，紀律如鐵，一聲令下，地動山搖，戰勝攻克，無往不利，人民庶幾可安居樂業。

然而要求這樣一個具有軍魂的部隊，不是一朝一夕就可養成，必須上下一致，普遍要求，從「外打勁」的磨練，進而影響精神層面，非長期點滴累積不爲功。但如今的軍訓教官，身穿軍服，進入校園，脫離了軍事管理，與一般百姓共事一處，自然便無法以嚴格營規相規範，似乎形成了例外，違背了普遍一致原則，長久以往，必將影響全體軍人精神的養成。

一個正式的帶隊軍官，所帶領的部隊，必然精神抖擻，虎虎生威，如虎似豹的雄壯部隊，如今軍訓教官，帶領學生隊伍，如同一群綿羊，因爲本質上，就不能像軍隊相同要求，有時更見到軍訓教官，站立在學校門前，指揮交通，維護學生進出安全，一個堂堂頂天立地的指揮軍官，如此溫良謙恭，成何體統！

社會一般觀感，對軍訓教官印象良好，畢竟所派教官都很優秀，但從軍事觀點，將如許現役軍官，派往一般學校，爲青年學子服務，極爲不宜，節制之師，不容絲毫苟且，不容半點通融，更不應有例外，應該全部撤離學校，回到軍中，接受嚴格的軍人規範，豎立軍人莊嚴形象。

國家握有軍權的高級將領，必須確立治軍中心思想，何者爲宜，何者不宜，須有明確政策方向，治軍「貴在嚴格」，既不可能嚴格要求學生，何需軍事幹部留在學校，嚴肅的軍事幹部，站立在綿羊之前，軍人的威嚴何在？虎豹之師又何處以尋？

各學校軍訓課程，大可改由年青退伍軍官擔任，脫去軍服，仍保有相同教育效果，所有現役軍官，都應回到軍營之中，接受一致嚴格生活和訓練，軍隊中人人都是頂天立地，氣概沖天，沒有一個例外，任何一個軍人，都代表全體軍隊，這是代表軍隊訓練的嚴格，軍人的一致，軍令的貫徹，統帥的權威，更是人民安全的保障。無論學生也好，一般青年也好，只要納入軍隊編組，在軍事幹部管理訓練之下，必使綿羊變虎豹，那有長期虎豹伴綿羊！

十六、國劇的推廣

目前國劇的推廣，多以介紹內容，解說表演方式爲主，著重於國劇本身的自我推薦，未能從觀眾身上著力。有些食品推銷，除了實物展示，圖文說明外，還以試吃爭取顧客認同。很多人先要嘗到眞味後才願購買，這就是讓顧客自發性的產生購買意願。就國劇欣賞言，除了表面的場景情節歌聲外，更要深入去欣賞演員細膩的唱唸做表，特別重視唱腔的符合劇情，感情流露，及音腔的優美等，其中有無盡的藝術玩味。故國劇不比流行歌曲，必須靠特殊推廣，讓觀眾自己嘗到「眞味」才能體會樂趣。依筆者淺見，若能有專業老師，面對面細心引導，教唱幾句簡單的西皮二黃，使其初步入門，達到準票友程度，誠是最有效的推廣方法，捨此只能讓觀眾始終停留在「看熱鬧」階段，難以向下札根。雖然這種方式事繁功微，卻是一步一痕，走向社會之路。

這種引導初步入門的推廣方式，看來有些難度，不但要有適合場地，還要專業老師，而且要普遍設置，其實各縣市政府，早就有社教活動，名目繁多，場地完備，並有預算支應，若善加利用，將國劇列入其中，必爲良好推廣管道，倒是國劇本身無法提供足夠師資，阻礙最大。

社會不是沒有國劇發展空間，也不是沒有嚮往的大眾，只缺有計畫有效果的推廣，不向社會推廣怎有群眾基礎？況且國劇是國粹藝術，有淨化社會功能，人人皆爲準票友亦不過分，處處有票房，有如卡拉OK一樣普遍，方不枉國劇之名，果能善加運用社教活動，必能引起熱烈景況。

茲向政府有關單位，提出數點建議：

一、建立全國國劇領導中心，組織國劇推廣體系，製訂積極性推廣政策，落實國劇向下札根工作。

二、以命令規定各級政府社教及文化工作單位，必須有國劇專長人員參與，專業藝術由專業人員管理，天經地義。

三、國光劇校應增設推廣科系，培養國劇推廣人才，及推廣師資，畢業學生，可擔任各級政府文化工作官員，與國劇教唱老師，爲推廣盡力，建立完整的國劇學校。

以上建議，不僅是配合推廣必要措施，也是拓展國劇人才的出路，佈建國劇生存環境，以利國劇的普及和發揚，區區拙見，容供參考，敬祈指正。

十七、再提教學方法第三門徑

日前某大學一位洪姓教授爆料，學生上課不夠認眞，課堂上，有吃麵包，有啃雞腿等情事，新聞熱鬧了好幾天，多數人認爲這是學生紀律問題，也有認爲老師教學問題，不管怎麼說，教育大事，總該大家關注。

老師教什麼？怎樣教？學生學什麼？怎樣學？教與學必須密切契合，然後才有教育效果，如果你教你的，我學我的，那麼學生聽課不認眞，便會自然產生，是故教與學的密切契合，才是問題核心。

早在民國六十一年，我曾在某軍事雜誌，發表「論教學方法第三門徑」一文，至今將近四十年，其中便是討論教與學的契合問題，當年發現軍事學校中，教與學契合不良，如今一般大學，也有類似現象，所以才重提往事，再來討論教學方法的第三門徑。

教學方法的第一門徑，便是確認要教什麼，今日比數十年前要複雜多端，除了依循時代所需，還要看個人志趣，以及社會需要國家政策等，來作決定。

教學方法的第二門徑，是講求各種教學方法，像講解、討論、實習等，是普遍採用的方法，除外若有更優方法，以及更好的補助教育器材，隨時代進步而更新充實。

正當第一第二門徑，進步到相當基礎，再想進步，卻產生停滯現象，找不到何處才是第三門徑。其實第三門徑就是重視對學習者的探究，從認識學習者的學習需要上，去講求適切教學方法，以求教與學的契合。

以往老師只把課程講解清楚，其餘皆由學生自我努力，教育成效完全寄托在學生自我用功身上，而忽視了老師教育方法的再進一步，更求改進。老師在考試時，總是想盡辦法，使學生對試題捉摸不定，以測驗學生用功程度，甚至課程的角落處出現考題，老師與學生似在捉迷藏，這種教學方法極不科學，過多浪費。

教學方法第三門徑，首先是探究人才應具備的知識基礎是什麼？再將這些知識基礎一一區別，然後運用各種特別教學方法，達到教學效果。知識基礎區分：

第一，記憶：人才必須具備記憶能力，記憶豐富，可稱飽學之士。

第二，理解：理解是人才重要能力之一，不僅理解課程內容，同時要訓練學生邏輯思維，科學分析方法，增進其理解能力。

第三，技能：諸如器具機械的使用操作，電腦的各種運用，文字的撰述，語言的表達等，在在都須磨練。

第四，應用，乃綜合所學，應用在工作上所面臨的人事時地物，各種狀況的發生，這些狀況交錯影響，變化萬千，有些事緩則圓，有些緊急應變，必須適切運用知識，磨練應變執行能力。

以上不過略舉四項也是學習的途徑，一個優秀人才，其實不只這四項知識基礎，可依性質而增加。當我們瞭解了學習吸收的四項途徑，即是學習者的需要，便要進一步研究教者的教學方法，課程內容依此四項需要予以區分，並配以所需比重，經老師的精心擘劃，把課程中精髓部分，提揀出來，然後屬記憶者，運用記憶的特殊教法，理解者運用理解的特殊教法，依此類推，分別實施單項教育。其要點：

一、這是一個積極性的教育態度，老師從講求本身課程的教授技術，進入到幫助學生學習技術的範圍之內，使教與學更加密切契合。

二、每一課程內容，每一課堂時節，都經過精心擘劃，怎樣教，怎樣學，進程講義的編排，不依課程內容的邏輯編排，而是依照學習過程內容編排，例如：自閱、講解、討論、測驗等，老師不只是深入課程內容，還要瞭解學生的需要及其學習過程，更要瞭解記憶、理解、技術、應用等各種特殊教學方法，才能勝任。

三、當課程內容精緻化，教學方法特殊化，學習途徑科學化後，則一切都在管道中進行，沒有浪費，內容不會龐雜，學習沒有支節，時間不致空耗，學習效果直接具體，一定時限內，都有一定收獲。

一個武術學習者，除基礎功夫外，必從武術的各種基本招式，一一學起，各別分項，都能達到一定程度，然後才能綜合應用。這些記憶、理解、技能、應用，便是人才的基本招式，當熟練了這些基本知識，便能得心應手，運用自如，成爲優秀的好人才。

我們不否定學生要自我用功，在教育立場，要有積極教育精神，講求本身的教學方法改進，使人人都有學習成果，這種積極的責任教法，便是第三門徑支柱。

那些課堂學生用心不專，無須責怪於誰，只怪教育還沒有進入第三門徑。

十八、一制兩國

港澳與大陸是一國兩制，台灣島內卻是一制兩國。藍綠兩個陣營對立，一邊主張獨立，一邊主張統一，兩個完全不相容的主張，若要獨立就不能統一，若要統一就不能獨立，雙方必須鬥得你死我活，才可解決問題，雙方都不是好鬥之徒，而是不鬥即亡，非鬥不可。

藍營執政時間較長，政治經濟資源較豐，國會席次也爲多數，綠營不得已多採攻擊性行動，遊行抗議杯葛等等，初期以民主自由爲訴求，逐漸向法理獨立進行，如廢除國民大會，人民直選總統，要求正名，進入聯合國等，皆無效果，只好宣稱，台灣已經獨立，國名叫中華民國，其實民進黨主席，綠營首領陳水扁，當選的是中華民國第十任總統，遵循的仍舊是中央政府在南京時代所頒佈的憲法，不能與歷史切割，在中共及國際壓力下，對現狀政統，亦不容輕易變動。

藍營面對內部綠營的攻擊，外有中共壓力，可說腹背受敵，對內採維持現狀，發展經濟，力求降低綠營抗爭，對中共則緩和對抗，講求互利雙贏，擱置爭議，把重點集中在經濟文化的交流，以對台灣人民有利為宗旨。但兩岸交流愈密切，綠營愈焦慮，他們認為對獨立運動將有妨礙，而反對又無堂皇理由，這是綠營兩難之處。

綠營雖不斷挑戰，曾大規模發動「台灣民族主義運動」，搗毀蔣中正銅像，改變中華郵政為台灣郵政等，也無顯著效果，最近批評馬總統為賣台集團，過於傾中，了無新意，兩個較大政黨，從未和諧相處，大小政策，亦無善意溝通，立法院經常肢體衝突，已不是一個國家正常表現，而是互相否定，各為其國，變成同一社會，一制之下，產生了兩個敵對國家，值得吾人關注。

第一，眞正言論自由已不存在，對己方有利言論可容許，若不利則加撻伐，否定，只有一面倒的言論，才加認同，這已不是眞正言論自由。

第二，理性逐漸喪失，凡事有利對方則反，議會多數通過則稱多數暴力，政黨政治空有其名，理性已不存在。

第三，正義公理模糊，打架滋事，己方則稱英雄，對方則稱暴力，各有擁護群眾，各說各話，社會不安。

第四，是非黑白不分，扁案已過二審，法庭認爲重罪，一再延押，雖未定讞，證據確鑿，目前仍有許多支持者，要求無罪釋放，如此是非黑白不分，社會紛亂不止。

第五，由於上述的不清不楚，黑白顛倒，於是各站在己方，沒有任何顧忌，有理要鬥，無理也鬥，有一心鬥到底的趨勢。

第六，一山不容二虎，一國豈有二公，一個台灣怎容兩國，所謂一制，不過是臨時的遮雨棚，藍營盡力維護中華民國法制，綠營則說「中華民國算什麼碗糕」！很可能繼各說各話後，便是各行其是，以行動繼續惡鬥，到時流血事件不斷，愈鬥愈烈，直到你死我活。

我們小民的憂慮和要求：

第一，島內惡鬥，如火如荼，國際間減少了一個經濟競爭對手，有關國家自然樂見，美國維持一中政策，在中共壓力下，不願干預，中共冷眼旁觀，不須干預，只待漁翁收利。

第二，其實獨立是一條漫長而又艱險的路，統一同樣崎嶇多艱，目前情勢下，藍營若鬥倒綠營，不可能就此統一，絕非「出賣台灣」「投降中共」那麼簡單。綠營若鬥倒藍營，也非宣布獨立，更換國名，便輕易完成獨立大業。島內的藍綠，皆不是關鍵所在，又何需你死我活！

第三，壯大台灣，充實力量，健全民主制度，然後可統可獨，自由決定，政治人物豈能無知！

第四，兩岸交流密切，不是統一最佳條件，兩岸對立仇視，亦非獨立唯一要素，政治家須依人民意向爲依歸，統一也好，獨立也好，時機成熟，水到渠成，政治人物，只須因勢利導，不必拚命中傷惡鬥，政客何須操弄。

第五，統一主張，是爲台灣美好未來著想，獨立主張，同樣爲台灣子孫幸福，雙方皆有堂皇理由，皆屬正當主張，可惜，雙方皆缺少智慧，只求急功近利，可悲台灣人民，受夠了短視政治人物的互相惡鬥，只爲一時政治利益，或爲政客私利，擾攘不休，想統不能統，想獨不得獨，在目前兩岸關係及國際情勢下，只有維持現狀，等待時機成熟，讓社會澄靜下來，使人民在平靜中，用理性思考問題，在自由中充分權衡，用自然演變去決定方向，把選擇權還給人民。

十九、觀念落後

最近台大畢業生中，有所謂十三妹風頭女郎，由於所有畢業女生中，該十三妹面貌姣好，被商家聘為商品廣告秀女郎，連日新聞爭相報導風頭十足，台大李校長批評說，職業無貴賤，不過國家付出很多教育資源，勿使浪費，意思是所學錯用，明顯反對去做秀女郎，隨後受到很多反嗆，指責校長發言不妥，認為是「老學究的落後觀念」。

反嗆者舉出好多例證，說明從未修習影藝課程，進入影藝圈的大學畢業生，成功事例很多，秀女郎們只是第一步，未來前程發展，未可預料，既有選擇職業自由，自可向個人最有興趣最有利方向發展，校長的反對，似屬多餘，如此說來，校長有些觀念落後。

校長的反對以浪費為著眼，既以四年修習，完成所望專長，竟然一旦畢業，卻全部放棄，改入專長無關行業，豈非浪費所學，有失國家和老師的期待，這樣的說法亦屬有理，如此各說各話，似乎都有理，又似乎都無理，到底誰是眞正觀念落後者？

秀女郎的出現，其實只是少數同學，還有很多很多，畢業便換行改業的學生未被報導，而社會上學非所用者也到處皆是，但從未被人注意，這是教育的浪費，倒是十三位秀女郎突顯了問題，才讓社會討論。

秀女郎高高興興進入社會，卻又被指指點點受到批評，如果當初，在選校選系之時，就能就讀影藝有關學校科系，畢業便做秀女郎，則何奇之有！果眞如此，則浪費之說不存在，職業自由亦無所批評，然而今天說浪費，則影響職業自由，說自由難免浪費，糾纏成結，其能不怪罪於當初麼！

不過在今天社會裡，功利觀念盛行，眾多家長望子成龍望女成鳳，不顧慮條件如何志趣所向，一心只想選讀明星學校，一意進入一流大學，彌漫著一股升學主義，此時想要埋怨當初，卻不知從何埋怨起，社會環境，教育制度如此，升學青年往往身不由己。

總之，教育乃國家大事，如今大學畢業便改變初衷，甚至有畢業即失業，所學非所用等，教育要負絕對責任，這不只教育資源的浪費，也是學生個人青春的浪費，乃至國家因人力的浪費，導致整體進步的緩慢，誠非小事，教育不從改變社會升學主義著手，不重視個人條件去因材施教，反順應升學主義潮流，加強考試，嚴格錄取，愈嚴格，愈高分，愈覺珍貴，更助長了升學主義的風氣，於是升學與高分互相輝映，學生考上台大是件難能又光榮的事，台大因高分錄取，贏得一流大學美譽，我們的教育，就沉醉在這互相輝映的迷罔中，走不出教育王國的圍籬。

數千年前孔子時代就講求因材施教，而今打從國小國中開始，便不理會個人性向志趣條件，只認考試分數，高分者編入升學班，低分者編入放牛班，難道放牛班就不能培養出優秀人才麼？豈非教育無能！大學聯考也是以考分高低分配學校決定科系，一切都以分數掛帥，一心只求升學，十三妹就是這種乖離氛圍下，培養出來的反抗者。

十三妹不是單純的愛新奇，愛出風頭的秀女郎，他們明明白白告訴社會，這是教育的失敗，但教育卻認爲把學生教好，高分畢業，就是教育的成功，秀女郎是學生個人問題，是社會問題，警告一聲浪費，便已足夠，孰不知，現代教育，不只要因材施教，對學生個人負起責任，更要面對社會，向社會需要負起責任，向經濟發展負起人才供應責任，還要向社會各行各業，各類人才供需平衡，負起配合責任，這才是進步的現代教育，秀女郎畢業便拋棄所學，難道與教育毫無關連！最低限教育沒有做到澈底的因材施教，沒有配合社會需要而教育，更嚴重的沒有打破升學主義，讓入學前的當初，就有選校選擇科系的眞正自由，這些責任不由教育來承擔，又該由誰來負責呢？

校長也好，十三妹也好，所據理由都沒錯，錯在雙方時間點上皆不合宜，十三妹爭取職業自由時間太晚，校長說浪費時間太早，教育若做到全面革新，沒有升學主義，確實走向因材施教道路，再說浪費，還有什麼可回嘴！如此說來觀念落後，全在教育的落後，校長如果代表教育一方，不自我檢討教育的缺失，卻說學生的浪費，是觀念落後中更加落後者。

二十、廉政公署與廉能公署

日前台北地方法院，爲行賄案一口氣收押了三名高等法院法官，和一名檢察官，還有兩名關係人，合計六人，主要賄賂涉嫌人何智輝倉促潛逃，正通緝中，這次案件震驚社會，不到三天，高等法院院長請辭，司法院賴英照院長亦請辭，皆已獲准，可算司法史上重大變故。人民對貪污腐化深惡痛絕，新任檢察總長黃世銘上任不久，這第一砲便受到社會熱烈喝采，人心爲之振奮，馬總統隨後乘勢宣告成立廉政公署，以表示肅貪決心，呼應人民殷切期望，不料甫宣告完畢，便遭到批評，有說疊床架屋，有說無濟於事，有些則說不能有效執行等於虛設，原想獲得連環喝采，竟然帶來嘈雜聲音。

本來一個國家的政府組織，層層節制，每個單位皆設有領導主官，有監督下屬責任，故各級主官本就是廉政主管，況且內部有審計獨立，公開工程招標，政策程序透明，以及政風單位等，外有上級監督，議會質詢，更有檢察官監察委員等等，這些層層密密防弊設計，若皆能發揮功能，則便無須成立廉政公署，反之，則再多的廉政公署亦屬無效。

我們無意阻止肅貪機構的設立，或許還有更重要的設立理由，不過今天大家都如此重視肅貪，卻忽略了另一面的揚優政策，如果成立一個以表揚優秀人員爲主的「廉能公署」，或許對所有公務員的激勵，產生積極意義。

一、公務人員有一定員額，如果優者增，必然劣者減，肅貪工作雖不可缺，而揚優工作果能發揮功效，影響所及，使優秀增加，不肖者也變優秀，則貪官何處去尋？

二、預防公務人員向下沉淪，不是只靠防堵懲奸以行消極阻止，還須要有積極性向上提升的力量，表揚優良就是鼓勵向上精神，若進一步使優秀發揮更大能量，服務更多人民，將是積極性的提升方法，也是積極的防貪方法。

三、貪污使人厭惡，社會普遍重視肅貪，如果我們大力表揚優秀，扭轉消極取向，使社會產生奮發向上精神，豈不是正面而健康方向！引導社會，走向光明，走向希望。

四、肅貪機關如林，防弊懲貪條規如麻，卻沒有一套完整而系列的鼓勵優秀政策，尤其「國家」「責任」「榮譽」，是每位公務人員必具的信念，政府有責任把這些信念，豎立在每個人的心中，以及所有工作中，並且不斷發現典範，努力培養優秀，使每位公務員，皆有準繩皆有目標。

五、設立廉能公署，是要建立表揚優秀的完整制度，包含優良產生辦法，等級區分，及優遇規定等，使所有公務人員，不論高低，皆能得到鼓舞。

六、如果一定要設立肅貪的公署，那就將揚優功能一併納入同一公署之內，對外以「廉能公署」爲名，揚優肅貪併爲主要職掌，因爲同根於事實調查，同源於公平公正，獎與懲同爲國家行政的一體兩面，不可偏廢。

七、目前對貪污等重大犯罪，行政單位無力懲罰，只有交由司法處理。而優秀人員，雖有逐級表彰規定，迄無單位之外有力機關，有如司法處理之職權，是以特殊優良人員，應由「廉能公署」決定處理方式，或表揚，或晉等，或拔擢，或培育深造等，一般優良，仍歸單位處理。

八、不管獎與懲，皆屬公務員人事範疇，宜由考試院管轄，獨立於行政之外，自立體系，自建制度，自訂標準原則，考試院不只管理公務員資格問題，更要有積極政策，提振士氣，讓公務員有目標，也要有希望。

以上簡列「廉能公署」的必要，不但鼓勵現有公務人員，戮力從公，且把優良事蹟記入史冊，代代相傳，更希望藉表揚宣導，掀起社會一片敬優風潮，達到弊絕風清，滿朝廉能境界，那該是多麼喜悅的社會！

二十一、「統」「獨」該升級了

統獨惡鬥，多少年來難分難解，藍綠兩個陣營，已不是眞正在爲統爲獨而努力，實際所爭的乃是你死我活，甚至不擇手段，使用不當撇步，以贏過對方爲目的，久而久之，互相敵視，形成藍綠對立，深藍深綠民眾，似已失去理性，是非不分，必置之對方死地而後快，早已不是統獨之爭。

藍綠都把統獨主題遮掩避開，只把黨的勝利黨的利益放在第一位。陳水扁總統就職時，大聲宣稱不獨立不改國號，馬英九總統就職，也宣布不統不獨，政黨的主張，全都模糊其辭，美其名曰政治藝術，兩岸情勢如此，不得不然，實際上島內人民，假借政黨政治之名，進行一場生死混戰，殺得天昏地暗，要想統一，必先消滅獨黨，要想獨立，必先消滅統派。

藍綠人民的嚴重對立，甚至兄妹藍綠不同，互不相認，歷史學家已提出警告，這種撕裂，百世難癒。

避開統獨大原則，朝向藍綠生死之鬥，於是低俗，醜陋花招齊出，政治趨向下流。

政黨政治，貴在提出光明正大主張，以爭取人民的認同，要統要獨，都必須提出堂皇目的，利害得失，具體步驟，後果評估等內容，同時還要經過討論，聽證，辯論等過程，然後再訴諸人民公決。今天既沒有內容的陳述，又沒有經過適當過程，只草率的直接挑動民眾，用欺騙，謊言，錯誤資料，蠱惑群眾，這是民主政治的悲哀，也是台灣的災難。

憂心人士，多年前就呼籲停止統獨爭論，專心建設台灣，也有人提出中道主張，以緩和情勢，終無效果，既然統獨之爭無可迴避，倒不如揭開面紗，暢懷討論統獨問題，把統獨爭論內容，作徹底透明的剖析，使民眾理性選擇，對外運用政治藝術，對內則展開統獨辯論：

第一，任何人或政黨，都要維護現有憲政及政體，統獨的變更，皆須經過兩千三百萬人民的同意，這是安定既有環境的基礎，只有安定環境，才能認眞討論問題。

第二，尊重政黨生存權利，不必你死我才能活，尋找共存共生原理，否則社會永無寧日。

第三，「天下爲公，人民最大」，捨棄操弄民粹情緒，培養優良公民德行，尊重民主政治先要尊重人民。

第四，政黨的生存，要靠光明正大主張，和周延可行政策，全在公民的認同，不靠民粹的支持。

第五，深入討論統獨利弊得失，詳細評估進程阻礙，把情緒導向理性討論。

第六，建立優良民主秩序，打造和諧政治環境，提升統獨爭議層次，消除低級政治活動，讓台灣民主萬歲。

我們呼籲藍綠兩黨，共同簽署「台灣民主萬歲公約」，認眞徹底的討論統獨問題，用政黨或學術單位名義，先從理論，再進入實際狀況，詳加討論，統一主張者必須考慮獨立的優處，獨立主張者也要考慮統一的優處，雙方不以政黨爲前題，都以全台人民利益爲依歸。群眾前，只有統獨的比較，不是謾罵的比賽，只有統獨優劣說明，不是用來結合反對力量。我們唯有提升統獨爭議品位，建立台灣公民社會，遵守現代民主規範，必將減少低級政治動作，降低惡鬥虛耗，阻止台灣向下沉淪，然後我們可以走向「台灣民主萬歲」。

二十二、一群災盲

今天是九十九年九月廿二日，也是農曆中秋節，三天前凡那比颱風來襲，造成南部風雨成災，淹水嚴重，人民財產損失無計。有說六十年來僅有，也有說百年罕見，更有說高雄市區兩天內降下一千多公厘雨水，是空前記錄。這幾天檢討紛紛，相互卸責，電視節目有新聞，有檢討，有評論，官方民間七嘴八舌，總是說不到重點，覺得這一群，都是摸不著頭腦的災盲。

（一）這次氣象局的預報，說明風力幾級，雨量多少公厘，尚算準確，我們說氣象局是災盲，是因爲他們只能預報風力雨量，頂多呼籲預防土石流海水倒灌，再無法進一步具體的災情預測，他們是氣象專家，不是防災專家，稱他們是災盲，倒是理所當然。

（二）各級政府，聽說威力強大，連忙成立防颱中心，檢查各處水門水閘，各種救生工具救濟食糧準備齊全，國軍也提早進駐可能災區，風雨來臨時，那種救災救命，勇敢冒險行動，令人感動，但是災害已然造成，他們只能說救災有功，防災無力，仍算是一窩災盲。

（三）這幾天新聞報導熱鬧翻天，有些電視評論節目，其討論主題多集中在大型的防水防洪工程，預算編列等，這些人不知道「人能勝天」的不易，更不知人類應該學習與自然共處，人人都應該瞭解如何防災，依賴老天，依賴政府，不如加強自己的防災能力更爲實際。類似檢討，年年都有，年年也有改進，但災害還是年年不斷，今年我家汽車泡水，明年別處他家泡水，沒完沒了，一群災盲也熱鬧過沒完沒了。

（四）有些政府官員，把責任推給老天爺，說什麼天災難防，有些善良百姓，也相信天意如此，這些人可說都是一群災盲，明明告知，將要淹沒你的汽車，你置之不理，轉來說天道地，非災盲而何！

災盲只曉得大喊風來了雨來了，大家要嚴防豪雨強風，到底豪大強勁到什程度，仍舊沒準兒，我家的車庫是否會淹水，只有水淹及腰時，才知道原來大雨竟然如此，但爲時已晚。一般說來，颱風來襲，至少有三個系統，充分發揮功能，然後才能減少損害。

第一，氣象預測系統：要力求精準，相信我們的中央氣象局，已有一定水準，不落國際之後。

第二，災害預測系統：這是新提出的名詞，社會不知其詳。各縣市政府，平時就應有區域內地形地貌調查，何處較高何處低窪，歷年雨量與災情對照的記錄爲何！例如一日累積雨量一百公厘何處會淹，何處無虞，若降下三百五百甚至更多雨量時，以往災情記錄爲何！然後根據本次氣象預測，參考以往災害記錄，製訂本次各地災情預測報告，提前通告大眾，這就是災害預測，人民瞭解了切身而又具體的災情預測，將激起防災行動，免得等待政府事事依賴。不幸各處地方政府，皆未建立具體的災害預測系統，甚至一無概念，災情不免嚴重。

第三，救災系統：每次颱風來臨前，從地方到中央，都迅速成立防颱中心，實際工作是等待災情發生，以救災爲主，其實防颱中心首要工作應該是協助人民加強預防，如缺少沙包應協助供應，提供高處或遠處作低窪處車輛疏散停放之用，並予協助移動，如今既無災情預測報告，不知災害嚴重到何種程度，只等災害發生再去救災，我們的防颱中心只有消極救災，那有防颱功能。

以上三項防颱系統，必須連成一氣，氣象預測不準，則災害預測也難準確，沒有準確的災害預測，怎知防災！再說災害預測是明白具體的告訴人民，災害將到達何種程度，水淹多深，政府力有未逮理由，應告知百姓，然後百姓會自發努力，反之政府沒有災害預測，人民完全依賴政府防災，一旦災害嚴重，全都怪罪於政府防洪治水不力，災盲的官員，不知其中道理，更不懂什麼叫災害預測，眞是盲得離奇！

輯二

輯二自序

不痴不呆不寫文章，今天寫出這些文章，説明我確實已經痴呆。不過天下寫文者不能一概而論，只有我寫文章，篇篇是批判，事事有妄想，非痴呆而何！

由於痴呆之人少人理會，所以可放肆發抒，不管理不理，只管直直寫，非痴呆之人沒有這種痴呆精神。

在我腦海中堆滿了往事，對世事卻有更多感懷，是非黑白，不敢保留，寫出來好盡我人生一份責任。

每篇皆是千餘字的短文，各自立論，就事論事，有無些許參考價值，自無過分的痴呆之想。

痴呆人沒有奢望，興來一發爲快，這乃是痴呆發作症狀，無藥可治，只得任其發作，不過是一派痴呆之語！

一〇六、三、一

一、法師與專家

高僧淨空法師，闢有「仁愛和平講堂」電視節目，每日定時宣揚中華文化。法師特別重視教育，並希望從儒家的《弟子規》著手，從建立家庭倫理做起。雖然今日社會，大家庭已經消失，倫理觀念日益淡薄，法師認爲社會上企業興起，有理想，有制度，員工眾多，若企業主對待員工如同家人一樣照顧，同樣可以建立企業內的倫理關係，將可替代家族倫理的衰微，以關愛家人的態度，照顧員工生活，以愛解決紛爭自然產生祥和社會。

日前行政院宣布軍公教人員加薪，引起社會對勞工朋友是否加薪的討論，電視台請來了幾位勞工問題專家，暢談勞工加薪問題，他們認爲：我國勞務薪資普遍偏低，我們的勞工朋友過於保守，不敢積極爭取。薪資不合理，勞工必須有強而有力的工會做後盾，在必要時須用種種抗議手段，來爭取合理待遇。

顯然法師與專家意見精神不盡相同，一以中華文化爲本，用和平關懷方式，解決所有問題，一以西方文化爲基礎，用實力取得平衡，以抗爭解決薪資問題，兩者解決問題的目的，合理薪資，完全一致，由於東西文化精神不同，所採手段態度則不相同。

在西方社會裡，若把家族觀念，用倫理關懷方式解決問題，可能不被接受，而用罷工抗爭來爭取權益，雖逐漸爲東方人所採用，卻並不徹底，有時仍有東方文化情素。日前新聞報導，中央科學研究院一位主管，向有關企業開課講授如何規避勞基法以節省開支，即被政府下令取消課程，該主管立即調職。企圖規避勞基法被視爲算計勞工，不顧勞工利益，這便違背了家人倫理關懷精神，輿論一片韃伐。然就西方文化精神言，遵循勞基法規定，依法論法，何罪之有。勞基法不周全，盡可修改，何怪於依法守法之人，法治精神何在，類似矛盾處處皆有，但無人去追根究底。

法師講説中華文化頭頭是道，專家本著西方文化精神，説來也振振有理，一旦兩者針鋒相遇時，則各説各話，難有結論，最後不得不用政治方式解決。我們今日的境遇，誠不能停留在説文化道東西的長期矛盾中，應該設法解決東西文化衝突的時候！政府和民間學術單位，尤其中華文化研究團體，更應該提出辦法，從事研究實驗，尋找解決之方，用中華文化的包容大度，融和西方文化優點，存菁去蕪，把中西文化精髓融於一爐，使成爲更壯大，更完美的中華文化，這才是當務之急。(完)

一〇〇、二、二

二、大善人陳光標

大陸著名善人陳光標先生，聲稱春節前來台行善，並以五億元台幣用紅包方式親自分發給台灣地區貧困需要者，據說在大陸行善時以公開大放送方式，先把鈔票疊成錢牆向大眾展示，然後一一發放，深獲大陸同胞歡迎。

在未到達台灣前幾天，我們的新聞便熱鬧翻天，有歡迎、有拒絕、有委婉、有潑口不留情。爲什麼一樁行善好事，竟然鬧得這樣風風雨雨？原因是陳先生的行善，採取高格調方式進行，不被台灣民眾所接受。

陳先生抵台後一片謙和，方式雖高調，卻沒有高姿態，說話謙虛，禮貌周到，來台三天，對地方民情並不熟識，自然行善不太順利，選擇性的走過幾處，草草發了一些紅包，又匆匆回去大陸，這是一次不算成功的善行。

郭台銘先生說，「行善可以肯定，但須顧慮接受者的自尊」，這是大部分台灣民眾所持看法，其他眾家說辭紛紜，更難代表多數。電視名嘴也沒有說出所以然，到底爲何不能高調，又怎樣傷害他人的自尊，始終沒人說得清楚，這也是一次不成功的輿論。

世間萬事萬物皆要講求和諧，自然界要維繫生態平衡，社會上貧富不容差距過大，否則就會不和諧甚致衝突，富有者濟助貧困，這是自然的調節行動。一般濟助貧困，不論宗教或社會一般人士，都從愛心出發，慈悲爲懷，不求聞達。如今高格調行善，便與社會一般認知不相調和。陳先生爲調和貧富而來，卻又製造了另一不調和現象，不免台灣社會反應複雜。

陳先生說：「高格調行善，若能引起更多行善之人豈不更好」，其實鼓勵行善可以大事宣揚，實際行善之事是同情是悲憫，爲顧慮尊嚴，不宜過度彰顯，兩者性質迥異，若混爲一談，不覺矛盾不相調和麼！

陳先生以大善人自許，社會大眾也以大善人看待，一些心存僥倖之人緊緊追逐，總認爲多少不致空手而回，所到之處人群眾多，高潮跌起，高格調製造了高新聞，顧慮自尊反添了更多不顧自尊之人，如此善事變了質。有者有，有者無，紅包發放不一定給予需要者，已亂了行善主旨，台灣社會，又多了一樁怨尤。

時代不斷推移，行善觀念也應該隨時代而改進，對那些貧窮連基本生活條件都不足的人，政府必須有完善的濟助計劃，故現代社會不容許乞丐存在，這是現代政府基本責任。民間行善觀念，就應該完全撇除這些對象。現代善人，應以重大事故災害，造成人民的痛苦，而政府無法及時或無力照顧者爲對象。除外慈善家更要提升層次，不再以最低生活條件爲著眼，提升到因貧窮而不能繼續上進者，如求學研究創造發明等等，當政府力有未逮時，慈善力量就要發揮效能。陳先生善良之心值得敬佩，行善觀念需要提升，行善方式需要改進，畢竟包大人的放糧情景，顯然與今日台灣社會不相調和。

一〇〇、二、十五

三、恐慌時代

這個時代人人都在忙碌，因爲事事物物都在競爭，不競爭就被淘汰，迫使人人必須努力不懈。

愈是聰明能幹，條件優越，財力雄厚的人，在競爭中能量愈強，進步速度超乎常人，自然成就也愈高，不過落後者追趕不及，造成貧富差距也愈來愈懸殊。

領先進步的人永遠是少數，在後跟進者永遠是多數，我們當然鼓勵落後者要努力，那也只能少數人擠進少數領先者群，不能改變整體落後者的多數。不但少數多數不會改變，更因強者愈強，弱者愈弱，落後距離成加速度增加，落後者愈來愈眾，貧富差距更形擴大，社會自然不安。

經濟快速進步，人們的食衣住行支出，不得不隨時代而被動增加，入不敷出再加物價不斷上漲，恐慌伴隨而來。

聰明的商人源源推出新產品，不斷提升品質，增加產品功能，再加巧妙促銷手法，不由人們不去購買，於是經濟活絡起來，那些領先開發，快速進步的人，一個個富有起來，住豪宅，開好車，用名牌，吃頂級大餐，而多數在後跟進者，競爭力不能相比，雖有進步，卻不能如人快速，只得靠加班，兼差，設法賺取外快，妻兒子女全都投入工作，有些索性不結婚不生子，可以少子化，卻不能少購買，無錢則利用貸款也要購買。然而生活品質提升了，卻是「賠了夫人」「絕了子孫」，增加了工作人口，延長了工作時間，揹負了一身貸款卡債，經濟不斷成長，國民平均所得不斷增加，社會恐慌卻隨繁榮而上升。這原是多數人的自然貧窮趨勢，無聲無息，走近身邊，不禁慌張。

爲求快速進步，社會到處形成對立，政治要兩黨對立，工會要與資方對立，同行同業也要對立，對立才會競爭，才有進步，這就是我們的競爭文化。在強力對抗競爭下，只重科學，忽視倫理，人與人間變成冷漠無情，功利抬頭，現實爲先，自由競爭，自然淘汰。連青年學子也無情的憑考試高分才有學習機會，落榜則棄之社會，任由浮沉，這種「優勝劣敗，適者生存」的進化演變，有一天到達「弱肉強食」，不擇手段時，則什麼醜惡皆可能出現，屆時社會危機四伏，無論貧富，全民皆陷恐慌。

貧富懸殊，無情競爭，自然貧窮趨勢，原不是單純經濟問題，也不是增加社會福利便可解決。有些人認爲是財富分配不均，要從稅制改革做起，不過這些都是表徵，不是問題核心。認眞而言，在經濟發展中，只顧快速進步，卻迷失了中華文化優良精神，該是今日恐慌產生的根源。

如果我們所有的競爭，都能做到「揖讓而升，下而飲」的君子之風，人與人間，不會如此冷漠無情。

如果我們社會各種制度規範，處處含有中華文化仁愛精神，把貧富結爲一體，各盡所能，各享所份，同心協力，休戚與共，貧富雖有差距，將不會帶來紛擾憂慮。

如果我們擴大倫理關懷，貧富都是一家，在互相關愛下，將不會有富者極盡奢侈，貧者無限恐慌，各不關己的兩極發展，屆時奢侈稅，亦將無用武之地。

如果我們的教育，能發揚人本主義，尊重個人各別差異，確實做到「因材施教」「有教無類」，人人都有適當教育機會，將不會有擇優棄劣，違情悖理的聯考制度。

中華文化以仁愛爲中心：民爲邦本，倫理關懷普及社會，只要我們充分發揚，怎還允許只顧競爭，不顧弱群的生存，將從根本上消除那些惡劣因素，恐慌無從衍生。

今天恐慌已成世界性問題，窮人恐慌，窮國也恐慌，富國國內的窮人同樣恐慌，欲求根本解決，惟有發揚中華文化。中華文化足以調和強弱，結合貧富，改善競爭關係，仁愛，倫理，民主，科學兼顧，社會自然和諧，從進步 過程中便化解了恐慌根源，我們該如何弘揚中華文化，人人都有一份責任，尤其掌政者，更是「任重而道遠」。

一〇〇、二、三

四、取消選舉造勢大會

中華民國第十三屆總統大選，甫於元月結束，隨後就是選後檢討，各政黨檢討熱烈，我們民主時代主人翁同樣要檢討此次選舉，給民主政治帶來多少進步。本文僅就取消「造勢大會」試作剖析，雖然社會似乎無人反對「造勢大會」，不過我們總認爲「造勢」有害無益，宜予取消。

一、現代的選舉，不只是選賢與能，更重視政黨的政策主張，其與聲勢並無相干關係。成熟的政黨，除愼重提名候選人外，更把重點放在闡述政策主張，以獲得人民支持，絕非造勢可以左右。

二、「造勢大會」熱鬧非凡，鑼鼓聲，喇叭聲，以及群眾「凍蒜」的吼聲，震入雲霄，在人心沸騰，情緒激昂下，已不在意政見內容，完全喪失理性選舉意義。

三、集會前經過策劃動員，實際上就是己方勢力的大聚集，演講者語氣激昂，甚至誣衊漫罵以激勵士氣，猶如出征前的誓師大會。公眾大會上不斷散發敵愾同仇氣氛，必將造成人民的撕裂，互相敵視，實非民主之福。

四、選舉本不允許造勢集會，所有「造勢大會」皆以私辦政見說明會爲名。各政黨候選人實際用意都不在政見說明，他們常在政見句尾，都慣用「好不好」！來詢問群眾分明是尋求群眾熱烈回響，鼓動支持者情緒，提升氣勢，不在政見說明，我們不能容忍這種虛僞的假民主集會。

五、「造勢大會」開銷不貲，若有少數當選後存有不法回收的妄想，豈不敗壞紀綱。欲防弊端發生，惟有停止舉辦「造勢大會」，扼阻不當耗費，才是釜底抽薪之道。

六、「造勢大會」是吸收過多政治獻金所產生的惡性腫瘤，當選後如何報答奉獻者，後患無窮。欲防止癌細胞的擴散，只有停辦「造勢大會」，切除惡性腫瘤，停受不當政治獻金。

七、競選需要龐大財力支援，常使缺少財力的眞才能士怯步，若取消造勢，減少耗費，可望更多才能之士參選。

八、「造勢大會」上，無數旗幟，無數喇叭，無數特置衣帽，文宣資料，鞭炮煙火，動員人員車輛不知多少，喧鬧完畢，全都化歸烏有。一場浩大「造勢大會」，浪費無從計算，沒人檢討消耗了多少社會成本，我們人民有權要求停止浪費。

九、「造勢大會」影響民調，其實都是候選人本身條件，和政黨政策主張才是眞正影響因素，切勿倒果爲因。如果執意用造勢影響選舉，那是企圖擴大民粹力量，脫離了民主正軌。選舉得失事小，傷害民主事大，遠見的政治人物，不能不知。

十、很多人高喊公民社會，那麼取消「造勢大會」便是走向公民社會初步。各政黨不再用「造勢」爲手段，使民主回歸正軌，還給人民平和安靜環境，讓選舉恢復理性選擇，相信公民社會不久就可降臨。

以上檢討，不分政黨，希望全部取消「造勢大會」，一律改由公辦政見說明。有關地區性政策主張，分別在各地區之內舉辦政見說明，由地區內各政黨候選人及地區內人民參加，各政黨不得動員，不得有支持特定對象表態。有關全國性政見，則以電視轉播，一律禁止私辦政見說明，如此將可：

縮短競選時間。

減少資源浪費。

降低政黨惡鬥。
一新選舉風氣。
讓我們的公民社會理性民主再進一步。

一〇〇、二、一

五、莫等待莫倚賴

「莫等待莫倚賴，勝利決不會天上掉下來」，這是一首古老軍歌歌詞，雖然陳舊，對現代社會仍能發人深省。

等待倚賴本是人們心中大敵，大事不能等待倚賴，小事又豈可等待倚賴。如學習駕駛，運用電腦，都是現代生活必須的本能，有些中年以上的人，不去學習，就被淘汰。

這段時間食品安全鬧的沸沸揚揚，前一陣鬧的是塑化劑，這幾天是美牛瘦肉精，大街小巷，國會殿堂，都要求政府嚴格把關，給人民有個安心的食品。平心而論，政府有責任給全民有安心食品，而一般人民也顯得倚賴太重，過於倚賴政府，而自己毫無辨別知識，終會吃虧。

尤其今日有害食品，已經泛濫，人人爲保護自身健康，必須學習預防毒害知識，懂得辨識選擇，不能全然倚賴政府。食品安全辨識知識，切身需要，亦如學駕駛，學電腦，皆爲現代生活應具備本能，豈可倚賴等待。

食品安全要求政府全面把關，是一件不可能的事。食品檢驗官在電視中表示，「目前網路銷售，如王媽媽水餃之類到處皆有，實在無法查驗」。事實上市場食品千萬種，銷售地點千萬處，毒害變化千萬樣，政府要全面把關純爲空想。政府既不能全面把關，又何必有保證安全政府認證制度？所有食品安全，均應該由業者自行負責，自行檢驗，自行保證。一方面責任歸一，另一方面也是讓民眾徹底杜絕倚賴心理，從速學習自保本能。

全面放棄保證食品安全政策，不是放棄人民，不顧人民安全，而是改變政策方向，弘揚古老中華文化，實行「無爲」之治，使食品市場逐步全面淨化。

一、政府充分提供預防有害食品資訊，教育人民辨識知識，促使人民跟隨時代進步，增進防「害」本能。

二、人民對有害食品的無知，乃有害食品溫床，政府重在教育不在安全保證，人民進步，有害食品自然消失。

三、取消政府安全認證制度，政府不向人民保證食品安全，但對有害食品，必須嚴查、勤驗、重罰，在人民知識成長下，加上政府查緝嚴厲，有害食品無處遁形。

四、喚起食品業者自律自強，共同向良心事業發展。

五、所有食品由政府訂定安全標準，食品業者自行標示說明以取得人民信賴，市場機制由業者掌握，人民自由選擇，政府教導人民選擇方法。

以上是政府對食品安全應採取的放任政策，徐步推行，希望產生良性循環，人民食品安全知識增進，食品業者道德滋生，有害食品逐漸消失，「無爲之治」境界降臨。

「無爲而無不爲」，政府省去許多繁瑣和責任，卻在人民知識，社會道德，食品淨化，不肖者的消衰等，無不有所進步，同時，也是因爲「無爲」，才使人民拋棄倚賴，學習自防知識，不再等待，不再倚賴。也讓政府官員，對安全把關效果，不再等待，不再倚賴。更讓不肖業者，不再等待冒險機會，不再倚賴矇騙技倆，個個歸正，人人聞風不存僥倖，食品市場復歸清淨。

一〇一、三、二十二

六、只有永久求同沒有永久存異

中華民國一〇二年六月十三日，吳伯雄與習近平在北京會晤，吳伯雄提的是「一個中國架構」，習近平講的是「一個中國框架」，其實「架構」二字不如「框架」妥切。兩岸政治結構並不相同，雙方還沒有談到一中的架構問題，只能說是「一個中國的框架」。不過無論如何，只要有「一個中國」字眼，「架構」「框架」的異同，留待爾後再推敲了。

這次習提到「求同存異」，過去我方也曾提過，不過大家都信口說說而已，沒有認眞考慮如何努力去求同和盡力減少存異。例如經濟互通，文化交流，一經牽涉政治問題，便糾結難解。經濟可以共利，文化可以共享，政治卻不能共存，在「一個中國」下，有我無你，外交戰場上常見你死我活的廝殺。然而求同本含有積極意義，在積極求同下，怎容許永久存異！如何可以有「我」也有「你」，在一同之下，共同解決問題，應爲努力目標。

我們都應該設法減少障礙，尋找「相同」，既然「一個中國」都有共識，這就是「相同」之處，不過大家高喊「一中」口號，高來高去，高調而已，依然各有不同的「一中」，各不相讓。如果把兩岸不同的「一中」，結成一個相同的「中華共同體」，架乎兩個現實政府之上，雙方同在「共同體」下攜手合作，爲兩岸人民幸福共同努力，豈不掃除了政治障礙，何需空唱「高調」，自欺欺人。

一、向世界宣布，「中華民國」與「中華人民共和國」結盟爲「中華共同體」，在「共同體」內包含「中華民國地區」與「中華人民共和國地區」，兩岸互相交流各以地區相稱，避免兩個中國誤解。

二、「共同體」限於處理兩岸有關事務。

三、「共同體」內設置正式的「兩地區協商平台」，結論交由各地區政府，依民主程序實行。

四、以「中國聯合代表團」參加聯合國會議，代表團由兩地區各派代表組成，兩地區有關聯合國事務由團內處理，重大事務報由「地區協商平台」協商決定。

五、「中華共同體」既非兩岸全面實質統一，亦非兩個中國，兩岸維持現狀，各保有現狀範圍内治權的政治實體，爲求兩岸人民生存發展所採取的臨時政治結合體。

六、兩岸未來統一、獨立、或其他決定，均須在「共同體」内以和平民主方式進行。目前「共同體」只爲兩岸人民現實的生存發展而製訂合作條件，搭建橋樑，解決紛爭。

七、兩岸政府官員以地區名義，可直接交往，談判，磋商等正面往來，重要事項交「兩岸地區協商平台」處理。

多少年來，兩岸關係感到遲疑，其實只要抬頭瞻望，「相同」就在眼前，只要認眞實踐，「相同」就在腳下，並不遙遠。觀念一變，「中華共同體」就可誕生，兩岸人民幸福在望。

一〇二、六、二十

七、「中國夢」中夢

吳伯雄習近平在北京會晤，這是習擔任中共國家主席後，第一次與國民黨高層會談，習提出四個堅持：

一、堅持從中華民族整體利益的高度，把握兩岸關係大局。

二、堅持在認清歷史發展趨勢中，把握兩岸關係前途。

三、堅持增進互信，良性互動，求同存異，務實進取。

四、堅持穩步推進兩岸關係，全面發展。

吳伯雄也提出了七項主張，一般來說，吳的主張多著重在「務實進取」，政治方面只有「九二共識」「反對台獨」作爲互信基礎。

綜合而論，習以「堅持」語氣說明四點，企圖旺盛。吳的主張算是腳踏實地，實事求是。不過我們要特別注意的，習四個堅持中，其第二條要我們「認清歷史發展趨勢」，並且是堅定的政治方向。在他們的認識中，「中華民國」早已走入歷史，如今的台灣，不過是少數「殘餘勢力」。而大陸崛起，乃中華民族進步發展的新趨勢，無以阻擋，這就是習所認定的「歷史發展」，最後希望台灣歸順於「中華人民共和國」，實施一國兩制，此即所謂習近平的「中國夢」的一部份。

習的這項意圖，我方似乎無所警覺，無人提及「歷史發展趨勢」的看法。習企圖先用「中華民族」的「框架」框住台灣，再依「歷史趨勢」作指導方向，最後要「務實進取」「全面發展」。反觀我們的對策，還在高談「九二共識」「反對台獨」的老調，那是對付胡錦濤的台詞，早已過時了。

我們不必看重他們所認爲的趨勢如何，我們要有我們對未來的趨勢看法。他們所依持的是以歷史爲中心的「趨勢」，帶有崛起後封建思想，不是歷史的重心。我們認爲只有民主趨勢，才合世界潮流，爲所有人民所歡迎，也才能永續發展，可長可久。我們要清楚的告知習近平及兩岸人民，民主乃是我方堅持的發展趨勢。過去的歷史不管如何發展，今後必然要依民主程序創造歷史。「槍桿子出政權」時代業已過去，以力服人終難長久，習近平的任何「堅持」都必須含有民主要素。

習近平的「中國夢」，還須我們的「夢」中「夢」才有光輝。我們希望兩岸都有充分的民主自由，在民主自由的制度下完成兩岸統一。是「夢」也是現實之路，腳踏實地，循民主自由之路一步一步前進，那樣的夢境，比「中國夢」更美麗、更壯闊偉大。

一〇二、六、二十九

八、馬總統注定要跳票

這些天來，陸軍中士洪仲丘被關禁閉，竟爲操練致死。社會反應沸騰，十數萬人民走上街頭，要求政府追查眞像。洪家更要求找出元兇，予以嚴懲。馬總統先後數次親至洪家，答應一定追查眞像，求得水落石出。目前正在偵查期間，不過顯然馬總統要跳票了。

馬總統不是沒有追查眞像決心，只是洪家與社會大眾要求的眞像，很難獲得滿意。社會一般人士的觀點，是致人於死，一定要查出兇手加以嚴懲，並查明殺人動機及共犯。如今事過廿餘日，只說是洪士有錯，遭關禁閉，依規操練，過勞致死，是一件不幸的意外事件。這樣的說法，並無殺人動機，亦無凌虐行爲，自然也找不到元兇。馬總統你認爲這樣的結果，能獲得洪家及社會大眾的滿意嗎？

執行禁閉，負責監督的士官只是依例行事，並且數人同時操練，並非單獨加重要求，至多爲過失致死，常識不足，延誤送醫，又怎能指爲十惡不赦的殺人凶犯？至於決定禁閉的懲罰其動機及程序上的瑕疵，亦不足以證明有心殺人，推論至此，想欲查出元兇，殺人償命，已難上加難，馬總統還有更進一步的眞相嗎！

這是個軍中懲處，執行過當所導致的死亡，從決定送懲，押入禁閉室，至操練死亡，一系列集體執行過程，無法決定個別殺人過失，致於過程中個別瑕疵自有輕重，亦難指爲謀殺兇手，如果不能找出兇手，而稱軍隊團體就是共犯，就是謀殺集團，則太過牽強，不過洪員白白死亡，又怎能使社會怨憤平息。看來馬總統又要爲跳票而道歉了。

洪案已由軍法轉移到桃園地方法院審理，不管誰來審判，凡用法律觀點審理，實在難求眞相，原來洪員之死，屬於制度問題，風氣問題，或謂軍中文化問題，若深一層探討，更是統御領導問題，這些一連串的抽象名詞，法律怎能求得水落石出？洪家及社會大眾，又怎能體諒理解！馬總統的承諾，豈不注定跳票！

軍中早年就有禁閉的制度，剝奪了自由，便已達到處罰意義。而今禁閉期中，加以嚴格操練，倒是沒有詳細規定，尤其操練時，近乎凌虐要求，更是超過禁閉處罰範圍。我們找不到殺人兇手，就要追查禁閉室內的嚴格操練是誰所規定，雖不是故意殺人，卻是因操練而死亡，那麼這種操練的制度，就是殺人兇手。執行或監督操練者，依據何種狀況決定被操練者的體能上限爲何？如果不分甲乙丙丁，也不管體能如何，只用無限上綱方法，操至不支倒地爲止，那麼這種嚴苛風氣從何而來？上級規定？慣例？或執行者自個兒要求？如屬自個兒要求，比前比後比其他禁閉室要求，更爲嚴苛，因而致死，那麼個人就有殺人之罪，管屬長官何不事前制止？若非個案，全師全旅禁閉室皆是如此，那麼師旅主官便負有制度不當，風氣惡劣的責任，絕不能推給基層執行者的身上。如果全陸軍所有禁閉室都是相同模式，那麼陸軍司令就要負起全部責任。如今出了人命，還在法律層面打圈，處罰不從上起，又怎能服眾？又怎能平息社會憤怒！

軍隊的領導者，負有絕對的制度建立，風氣轉移，文化創造的責任，廣泛言之，這些都屬統御領導範圍，一個堅定而又正確的領導者，絕不會發生類似事件，連禁閉室都無用武之地，頂多備而不用。今天不但勤用，在禁閉期間，更加以嚴苛操練，可見主帥的統御領導力量不足，要靠這些「嚴刑峻法」來維繫權威，眞是領導的窮途末路。洪員事件，如屬偶發個案還則罷了，而國軍每年這種不幸事件，竟達百餘件，我們稱之爲「主帥殺人」實不爲過，我們的司法，可以審判到如此深層的責任過失麼！

制度，軍風，文化，統御領導，本不屬於法律範疇，鬧出了人命，也應該從軍中管理上去處理，或送軍法，或記過，或調職，絕不容許拖延猶疑，任其發酵，鬧得滿城風雨，社會不安，甚至爲應付社會壓力，竟對被禁閉處罰意外致死的洪員，發給「旌忠狀」，簡直是慌了手腳，亂了陣套，沒有「能將」的軍隊，只好讓總統跳票吧！

一〇二、七、二十一

九、豈能相比

比鄰而居，不知姓名，從無交談，不過他飼養的狗兒倒很熟悉。因爲我們都住在公園邊，每日都可看到他的狗兒在公園裡玩耍。原先只有一隻母狗，後來一次生下六隻小狗，十分可愛。這一群小狗兄弟，在公園裡任性嬉戲，跑來跑去，餓了主人會餵食，吃飽就在公園睡覺，無憂無愁，好不快樂。六條小狗漸漸長大，牠們依舊一起玩耍，遇到陌生接近，則全部出擊，一起吠叫，兄弟們行動一致，沒有偷懶，沒有投機，個個勇猛當先，好像狗兒也懂得團結。

過了一陣，發現狗群中少了一隻。那日我從公園經過，突然一陣臭味，轉頭一瞧，原來一隻小狗屍體橫躺樹下，已經腐爛，想必是鄰家小狗死了一隻。因爲離家不遠，於是拿起鐵鏟畚箕，年老無力深埋，只得淺挖掩蓋，倒是蓋得厚厚的。不料次日，竟然狗屍蓋土全被撥開，裸屍仍舊曝露在外。我曾懷疑是狗主所爲，或玩童惡作劇，但屍臭難聞，誰去撥土？

我沒有多作思考，又拿起鐵鏟畚箕，再去掩蓋，如此蓋好又被撥開，兩天來重複三次，第四次我用樹枝磚石壓住，才得保持。在重復掩蓋期間，就特別注意誰會接近！結果發現，撥開蓋土的，正是這群小狗兄弟所爲。我很奇怪，這些狗兒爲何要一再把死去的兄弟曝屍於外？實在難懂狗兒的想法。

狗兒忍著難聞的屍臭，一心要把死屍暴露，可能希望躺著的狗兄弟快回到狗群裡一起嬉戲。但狗兒不知道死亡不能復生，畢竟是畜生。也有可能認爲躺著的狗兄弟生病痛苦，不讓泥土掩蓋，希望有人發現來救牠。不過狗兒的想法總是不能證實，而這些狗兒關懷自己的兄弟該無問題。

我曾埋怨狗主人把死狗任意拋棄，實在缺乏公德，再想狗主人比狗聰明，他知道死去的狗兒不能復生，一丟了之，多麼簡單。可惜他省了事，卻喪失了道德良知。

狗兒比主人笨多了，明知道屍土還會覆蓋，卻一再撥開，可見眞情流露。狗兄弟平日相親相愛，今日挺身相救，難捨難離，比人間的愛心多多了。

呆人痴語

人爲萬物之靈，狗兒豈能與人類相比，不過在這項關愛死去狗兄弟的故事中，發現狗兒的眞情愛心，確實永固不移，這時人又豈能與狗相比。

一〇二、十、三十

十、經濟是生存命脈

農業時代，努力耕種，就能生存。後來貿易發達、經濟逐漸繁榮，其時進步空間還很廣闊，只要努力就有成果，就會致富。當經濟繼續發展到一定階段，人口增加，資源短缺，發展空間縮小，困難一步一步增加，競爭愈來愈激烈。從個人的競爭，到運用集體力量，分工合作，共同努力才有成效。於是大企業逐漸形成，大集團具有較大競爭優勢，個人溶於集團之中，休戚與共，合力追求經濟發展。

當國內發展飽和，經濟成長受到限制，則不得不向外拓展，台灣人稠地狹，缺少資源，更須重視輸出。其實各國都在設法向外輸出，輸出才能賺取國外金錢，於是國際競爭如火如荼，艱難也愈來愈益嚴重。人們從追求進步，追求享受而競爭，今天已演變到生死存亡的競爭，不能競爭就會落伍就被淘汰。因此國家不得不設法提升競爭力，不得不爲各行各業，建立經濟運作秩序，讓進步沒有阻障，加快速度。只有快速的經濟進步，國家才能生存：

一、建立國內競爭秩序，避免自相「殘殺」，抵銷對外競爭力量。並培養國內企業向外競爭能力。

二、實施全民教育及終身教育學制，確實做好「因材施教」，使人人皆能提升學習能力到極致。並讓教育直接向經濟負起配合責任，以提升競爭力。

三、建立就業秩序，使人人都能發揮積極力量，事事皆有適當人才，充分有效管理人力運用。

四、扶植前瞻企業，鼓勵創新進步，維繫永續經營。

五、政府要建立龐大「創新研發」系統，從基層到中央，從民生必需到高科技產品，重視經濟目的，強化價值管理，追求領先，從創新研發中找生機。

六、國家必須建立正式外銷系列機構，強化機能，協助企業把國產貨品向外推銷，進軍世界。

現代的政府，誠不是倡導「小而美」就可滿足。經濟是我們的命脈，政府必須為經濟付出更多心力，輔導各業走向巔峰，走向世界，朝國家生存道路前進。惟國家能生存，人民才能生活。

美國政府對美國牛肉的強勢推銷，中共政府掌握中藥材的出口，頓然間台灣中藥漲價一倍，韓國政府培植征服世界的大企業，都是國家力量的支持。世界強國早就進行全球資源控制掠奪，擴充武備，征服世界，一旦資源產生危機，將以強大武力，維護該國利益。爲了經濟，爲了自身的生存，這雖不是高見，卻是遠慮。反觀我國，還在藍綠惡鬥，鬥得昏天暗地不知今夕何夕。

一〇三、四、四

十一、腳踏實地說學潮

從三月十八日起，一群學生爲了不滿立法院審議台灣與大陸「服務貿易協議」的程序問題，起而佔據立法院議事大廳，前後廿餘天，直至王院長保證，先完成兩岸服務貿易監督條例立法後，再審議「服貿協議」，學生在疲憊中答應撤離立院。其實這次學潮，雖因議事程序而起，學生實質訴求，則是反對兩岸的「服貿協議」，若要通過，必須依照所謂「民間版本協議」。民間版以兩國論爲基礎，立法院如果通過，完成立法，就是台灣獨立的宣示。

一群學生把立法院招牌拆下，在大廳內掛起「人民議會」橫條，聲稱不承認馬政府的合法性，馬總統數邀學生代表面對面溝通也遭拒絕，至此抗議的對象爲何？已經模糊，除非全面「革命」成功，推翻現有政府，實無以自我結束。就社會言，贊成政府「服貿協議」者亦不在少數，這種未曾掌握全盤狀況，不考慮政府立場，憑空想像的造反，不切實際，注定是一場鬧劇。

最後撤離立院，既不是總統有所承諾，也不是行政院長答應條件，有人歸功於立法院王院長，其實學生待在立院之內廿餘日早已疲憊，其訴求除非總統投降，亦無轉圜餘地，困在立法院終無結果。在柯建民的牽線下，王院長親往立院，面對學生，允諾先通過監督條例，再審兩岸協議。次日學生宣布撤離，草草結束一場抗爭。有人說這次學潮一無所獲，倒是給社會看到一次荒唐的抗議。

學生在鬧學潮前，就要考慮目標是什麼？成功的可能性有多少？怎得一時衝動，漫天要求，弄得無從下場？再說要求照民間版的「協議」通過，而民間版「協議」，是要把台灣獨立成爲事實，這是何等大事，怎可從「服貿協議」中偷渡而過？台灣獨立，是兩千三百萬人民要做的決定，多麼莊嚴，需要光明正大的過程，而且堂皇向世人宣布。用這種小家氣的「偷渡」方式，猶如兒戲，貽笑大方。

況且立法院是民主殿堂，強迫要求，怎稱民主，那麼抗議者豈不自踐立場！缺乏正當理由的抗爭，就是無理取鬧。年青的學生今日演出一場衝動學潮，來日成爲政治人物，凡事必須多方考慮，腳踏實地，然後才能爲民服務。

一〇三、四、十

十二、走投無路

人類爲了追求進步爲了生存，不停地互相競爭，由於人口不斷增加，生活空間縮小，資源短缺，競爭愈來愈激烈，無論貧富貴賤，人人都生活在無止境的無情競爭中，不競爭就被淘汰，這樣緊張的生活不知伊於胡底！

時代不斷進步，生活品質一天天提升，人們的食衣住行件件都要隨時代腳步而被動增加支出。手機落伍要買新款，車子舊了要換新車，工商企業也要更換設備研創新品，處處要增加支出。進步愈快、支出愈多，人們哪能不努力競爭！不過強勢競爭者愈競爭愈強，弱者愈弱，自然規律無可奈何！經濟不能不向前進步，競爭不得不愈益激烈，屬於多數的弱者，終有一天走投無路。

自由經濟各憑本領，領先者永遠是少數，那麼財富向少數人集中，又誰能改變這樣的趨勢？全世界的經濟學家都沒有改善方法，因爲沒有人敢反對自由，反對競爭。然而自由競爭下，向貧富兩極延伸，弄得社會失衡，動盪不安，到頭來，不分貧富，都將走投無路。

有人說不必杞人憂天，幾十年前台灣貧富只有四倍之差，如今差到二三十倍，社會也沒有產生重大動盪。不過我們的經濟，很早就以出口爲導向，賺取國外金錢，滿足國內人民生活提升的需要。然而那些少有出口的國家，如第三世界，處處饑民，無力競爭，又將如何生存！聯合國也束手無策，只有聽天由命，任其走投無路。

台灣出口能算幾何？世界富強國家，那才實力雄厚，哪個不是靠強勁的外銷出口，賺取外國金錢而壯大。財力厚，勢力強，科技先進，所向無敵手，有人說這就是經濟侵略，不過任誰也無法改變這個現實，因爲那是自由的競爭。在競爭文化下，哪管得許多落後者，對第三世界不屑一顧。說來這個世界，還停留在原始的「適者生存，不適者淘汰」時期。經濟發展，只爲自己，自私自利，如此還講什麼「我愛世人」。人類文明，不過是科學，不過是競爭，偉大的理想文化，似乎只有萎縮，不見弘揚，已被擠壓到走投無路。

最富強的工業國家，消耗能源，排放二氧化碳也最多，嚴重造成地球污染，海水上升。有些海島小國，快要陸沉，工業國家一個個不肯讓步，能源利用毫不減少，管他二氧化碳排放多少，海水上升多高，陸沉亡國是你家事。大家遭遇共同毀滅命運，就看誰能撐到最後，誰先走投無路。

擺在吾人面前的事實，明白告訴我們，必然朝向走投無路接近，然而我們仍舊無所警惕，利益相爭，政治惡鬥，無止無禁，一定要鬥到你走投無路。

國際之間，沒有友誼，不講道義，所謂「無永久的朋友，也無永久的敵人」，奉爲眞理。國際的互動，美其名曰外交，實際是各爲利益，爾虞我詐。石油產區的控制，領土的爭奪，都是爲了天然資源，一旦衝突白熱化，必爲人類一大災難。這些年來，列強的軍備競賽，太空爭霸，聯合軍演，無不是準備最後一決。就現代武器威力，一旦熱戰暴發，很可能瞬間同歸於盡，那時什麼貧富，什麼敵我，所有生物，所有文明，都將歸於寂靜，那不就是世界末日麼！何止走投無路。

看來這個世界，不走到末日不會罷休，末日的來臨，不是天然災難，完全是人類爲競爭不惜自我毀滅。從「貧富懸殊」「經濟擴張」「文明倒退」「國際紛爭」「走向毀滅」，哪一樁不是人類的自私、貪婪所引起，這不是單純的經濟問題，不是生存問題，而是世界文化走向競爭，走向掠奪，背離了中華文化精神，沒有「仁愛」的文化，終必引來災難。果眞有一天，共同走到毀滅之境，那時不是走投無路，而是地球之上，無路可走，無人走路。

一〇三、七、七

十三、鄭捷殺人

前幾天有位正在讀大學的男生鄭捷，突然走到台北市捷運車箱人群中，拔起身藏短刀，無緣無故瘋狂亂砍，當場殺死四名無辜乘客，爆起了重大社會新聞，這幾天檢察官向法院求處四個死刑，正在偵查中。

這麼重大新聞，社會的反應大致是，媒體熱烈報導，人們對兇手的痛恨，討論爾後的預防，其實類似事件無從防範，亦無結論，最後靜待法律裁決，社會亦無人深入探究。一陣熱烈過後，人們又將忘記的一乾二淨。

鄭捷殺人，一非仇殺，二非爲情，三無錢財糾紛，四非酒醉或情緒不穩，其殺機的產生，沒有特定對象，沒有特別理由，也沒有目的，惟一的慾念就是親手殺死活人爲快，這樣的殺人犯有些奇怪，違常，分明是患了嚴重的精神病症。

鄭捷之症不是一日形成，父母對子女缺少愛的關懷，不知道如何教導特殊子女，是起病主因。從鄭捷入獄至今，父母從未去監探視，反望早日處死以謝社會，可見這是個乖張家庭。任何人的子女犯了滔天大罪，面臨重刑，哪個父母不痛哭流涕，國法不容親情怎肯割捨。今天親情全然消失，過程不是三言兩語能夠道盡，其子的無故殺人豈是無因。社會不去追究鄭捷殺人的起因原由，這說明大環境的社會也有了病症，人人只關心自己，不管其他。病態的社會，乖張的家庭，焉有正常的下一代。

社會上人人為生活生存忙個不停，大企業小買賣，沒有一個不是生活在激烈競爭中，不能競爭就被淘汰。就薪水階級來說，物價天天上漲，調薪速度永遠落於其後，怎能沒有憂慮。如此社會大眾，不是緊張就是憂慮，哪有時間心情去管其他！鄭捷殺人未及我身，又何需多管閒事！

今日社會，大家庭已經瓦解，家庭倫理淡薄，社會道德淪喪，在鄭捷的腦海中，可能認為殺人不過是一時之爽，又何需大驚小怪，而我們又應該作何深思？

傳統文化把家庭社會構造了一個祥和規範，如今社會形態丕變，原有結構受到衝擊，我們對新時代的來臨，就應有新的適應模式。集中各方專家學者，共同研擬一套合乎時代的理想社會倫理結構，保留傳統美德，加入新時代的生活禮儀規範，重建新的社會倫理秩序。佛教淨空法師，提議企業團體，發揮愛心，照顧員工，把員工當成家人，成爲一個企業大家庭，以替代原有大家庭的消失，彌補家庭倫理的不足。佛教人士有所憂慮，我們的學術界，社會學家，尤其儒家擁護者，怎可靜而無聲！

時代的衝擊，社會的變遷，是我們不得不面臨的改變，政府及研究機構，應該大力推展社會改革研究，和建造工程，以挽救現代社會的危機。鄭捷殺人對社會的衝擊非小，只有先把社會之病治癒，然後可望有正常家庭，惟能社會與家庭都能健康，鄭捷殺人才永遠不會發生。

一〇三、八、八

十四、高雄轟街

民國一〇三年七月最後一天晚間，高雄市三多路地下埋設之化學氣體輸送管，意外連環爆炸，轟然一聲，瞬間綿延兩三公里街道，炸成河流，路邊汽車飛上樓頂，人員死亡三十餘，傷者數十，建物及財產損失無算，災害驚人，新聞報導稱爲「轟街」。

政府緊急救助，大企業也來協助，民間捐款短短數日已達四十餘億，尚在增加中。接著就是熱烈檢討，和漫長的還原工作。大家認爲管理不善，是主要原因，而早期埋管時因陋就簡，則是最大因素。陳菊市長要求，所有危險管路遠離市區。復建工程難以估算。

一般都認爲道路只是供給車輛行人的方便，城市之中，只要構成四通八達的網狀道路，就可滿足人民需要，其次再講求道路品質。在交通單位的觀念裡，沒人想到道路下層問題，更沒人想到道路下層問題也是交通問題。因此這次轟街的檢討，集中在管線埋設種種，獨缺交通單位的討論。

政府與民間，都認爲地下管線，種類繁多，而且各有專管，豈與交通有何干係！

但是道路下層管線，不論公有私有，都必須沿道路設置，別無選擇，可說與道路共生存，兩者一體無法分離，只要修建道路，便不能沒有管線問題。由於今天交通單位不管地下管線，有無埋設或何人埋設，一律不加過問，於是常出現今天鋪好道路，明日又被挖掘情事。管線種類無數，水管、電線、電視線、電話線、瓦斯管、輸油管，有毒無毒不知多少，挖個不停，挖掘成本難以估算。道路不只百孔千瘡，交通阻塞都是別家的事，與我交通單位無關，這種帶給市民的困擾，又該誰來負責呢？

現代都市，已成爲一部結構嚴密的電腦，其中各種地下管線縱橫交錯，複雜無比，皆是都市另一面的交通，且是爲了進步所必須，理應納入都市建設一體規劃。然而轟然一聲，殘破斷裂曝露無遺，仍舊沒有看清現代都市建設的包羅萬象，沒有看清地層之下的建設責任歸屬！再過一段時間，填土整路，恢復原貌，就這樣完結了嗎？

這部電腦主人就是一市的市長，責無旁貸。過去的建設難以更改，必須力求補救，今後建設就該把道路下層一體規劃，確認責任，不可一味排斥某類管線。

行政院應召集各重要都市負責人，齊來高雄，共同研討都市建設問題，除了爆炸管線外，其他所有地下管線產生困擾，都要一併檢討，找出今後解決方向。

請專家研究，道路下層埋設大型涵管，以容納預想所有管線水溝等，並可進行安裝維修等人員作業，一勞永逸，多方評估可行性，並研擬使用者付費方法。

高雄市此次接受民間捐款龐大，應該轉贈部分給交通大學作爲基金，設置都市下層研究講座，培養設計人才。

經過這次的轟街，讓所有都市電腦，對任何地下管線的設置，維修，汰換，安全監測等作業，不經挖掘道路，便能順利進行，相信只要共同用心，必可獲得一些結論，庶幾不枉這三十幾條人命的代價。

一〇三、八、十五

十五、小孫女進幼園

小孫女纔兩歲半，看到姐姐去學校，也鬧著要上學，附近幼稚園多設有幼幼班，招收兩到五歲幼兒，隔了幾日，幼園早已開學，孫女祖母帶她到幼稚園，老師抱進了教室，中午老師來電說孫女情緒不穩。下午四點放學，娃娃車送回家門，一見我便放聲大哭，當夜，不時坐起邊哭邊搖雙手，口喊「不去上學」，哭罷再睡，睡著又起，就這樣整夜哭鬧不停，全家未得安眠。

好容易天亮，又將要送往幼稚園，我予阻止，稍後我抱小孫一同進了幼園教室陪讀。我想孫女有了玩伴，對老師有了信賴，再行離去。誰知，幾天來仍舊不時依偎到我的身旁，我幾度藉故離開教室，終無法脫身。另有一位幼童，並無家人陪同，連哭三天，眼淚不乾，其實已不止哭了三天，我曾給予安撫，竟然視我爲親，依靠到我的身旁，隨後又被老師牽走，狀極可憐。

不管那家幼兒，離開家人，單獨進入陌生環境，都會恐懼，缺少安全感，哭泣是必然的，不過若給予親切愛撫，像我這樣陌生人，也會使幼童安靜上學。

一週來，老師並沒有對我這新加入的小孫特別照顧，甚至連名字也不呼喊一次，任予自由不管，顯然老師對我陪讀採取排斥態度，我想既然如此，陪讀未生效果，不如帶孫回去，如果硬生生的，把小孫強行丟進教室，離開不管，那將又是夜夜不得安眠。次日我找到別家幼稚園，準備用同樣陪讀方式再試一次。一進這家幼園教室，就看到有位幼兒大哭不止，接連幾日，天天大哭，老師竟然不予理會，更不加安撫，我頓然覺悟，幼園原都一樣，對待哭泣幼兒就是不理不睬，讓他哭到不哭爲止。有位該園老師告訴我，曾有一位小孩連哭一個月，最後還是平靜下來，言下哭泣終會停止，聞後啞然不知對答，天哪！連哭一個月，家人又怎忍心？老師怎無方法？爲何不理不睬？我又不得不帶孫離去，再也不相信有進園不哭的幼稚園。

社會上人人都說初進幼園的小孩一定會哭，我偏要求平和入園不哭，頭腦似乎太頑固，否則怎無一人認同我的觀點？「初進幼園必然哭泣」，難道成爲「眞理」？連家人短期陪讀，希望有個過渡適應期，也不被認可，這個「眞理」如鐵堅固。不過，兒童時期，快樂成長，是天經地義的事，幼兒有不受恐懼的權利，有受襁褓的權利，幼兒有幼兒的人權，只因幼兒在大人的掌握下，受到主觀或客觀環境的壓制，反抗哭泣亦無效，幼兒們受盡了痛苦，這是對國家幼苗的戕害。

家長們把兩三歲的幼兒送進幼幼班，充分說明沒有時間照顧自己的寶貝，哭泣雖有不忍，但亦無可奈何，況且「初進幼園必然哭泣」，已成社會一致氛圍，要工作就要忍下心來，這是忙碌社會幼兒的悲哀。

幼稚園一位老師要照顧許多小孩，常以權威方式管理，如果要求個別撫慰哭泣小孩，老師必然更多付出，甚至增加師資，而今幼園爲了成本考量，任由小孩哭到不哭爲止，這是商業時代幼兒的另一悲哀。

幼園利用家長的忙碌，輕易地達到商業目的，並製造了「初進幼園幼童必然哭泣」的假性「眞理」，讓社會形成了牢不可破的錯覺，這不止是幼兒的悲哀，更使私立公立幼園以及社會普遍大眾，停留在這不可更改的觀念中，不再進步，這是何等重大的罪惡！

幼幼班的嬰兒大哭不止，在恐懼無助的環境下不理不睬，這算不算是虐待兒童，對該童爾後的成長有無影響？我要率直的說，必哭或長哭不止全是謊言，只要老師用愛心撫慰兒童，沒有哭泣不止的道理，以我這樣一個陌生客，進入教室陪讀數天，尚且能使哭泣不止的別家小孩，視我爲親，乖乖地倚靠我的身邊，老師非不能也，實不爲也。初進幼園，是幼兒重要關鍵，這「第一印象」將影響長遠。平和進園，視園如家，視師如親，樂不思歸，我們的幼教是否可朝此方向再進一步！

一〇三、十、三十

十六、進步與落伍

不進步就會落伍，進步緩慢同樣會落伍，落伍的下一步就是被淘汰，最遺憾的落伍不自覺，迄至被淘汰，悔之已晚。今天已是世界一村，別處的快速進步，不久便會直接間接影響到自己的生活，何況人人都在競爭，週遭都在進步，有能力與人一爭長短者不知多少，個個進步快速，如果自己不知警惕，稍有鬆懈，準會落伍而被淘汰。

阿里巴巴創始人馬雲，日前來台，參加兩岸企業高峰會議，他看到台灣年老企業領導人還在高喊創新，不禁感慨的說，「台灣談創新的年青人太少」，大家總認爲不過是普通惕勵的話，孰不知創新既重要，而企業領導者缺少創新的年青人，豈不也是一種落伍現象。

沒有年青人接班，這顯示公司制度陳腐，也表示年青人中，沒有超越前輩的智慧才能，年青人不能在領導者老化前便超越前輩，接替努力，更上層樓，無疑的在時間的接力賽中，便慢了一步。

年青人的活力充沛，但老年人經驗累積，完全以時間換取，青年人無法相比。然而在今天這個與時間競賽年代裡，年青人不能與老年人相比就是落伍。年青人務必在短時間內超越老年人，經驗不能相比，就該從創新的角度去努力超越，不超越不足以與時間競賽。

時鐘滴答，誰也不能操縱快慢，我們若能不斷創新，必定進步快速，走在時間的前端，而創新二字，從老年人口中吐出，那又慢了一步。所以創新永遠是年青人的專利。不管前一輩上一代如何輝煌成果，這一代的年青人必須超越前輩，必須創新進步，走在時間前頭，不進步就是落伍。

時下有些年青人，抱怨薪水太低，也有說青年人看不到未來，紛紛去國外追尋高薪，其實這不算是創新。只有在自己的工作中，創造特殊，締造新猷，才是取得高薪的最佳途徑。年青人的未來，還要自己掌握，不停地創新超越，前途自然光明，怨天尤人，準會落伍。

前些時有延後公務人員退休年齡的討論，由於醫療進步，屆齡退休時仍舊身體健康精力充沛，站在國家人力運用立場，盡可延續服務。不過今天要追求快速進步，要與時間競賽，公務員的服務年限，不但不可後延，反應有提前退離的設計。不適者宜予轉移工作，好讓更有創新超越能力的後繼者，有與時間挑戰的機會。尤其公務員的工作，直接關乎社會大眾幸福，一般例行公事，盡管交由電腦，交給機械手臂，凡人員就要不斷地創新超越，快速進步。公務人員延長服務年限的想法，就是落後觀念。

「台灣談創新的年青人太少」，這句話我們還不知警惕，還不思改進，轉眼就成遺恨。我們尊敬老人的智慧學養經驗能力，尊敬老人的堅苦卓絕貢獻，但是時代青年，不能跟隨老人一步一趨，因爲那是上一時代的英雄，已成過去，此刻我們正面對的是不同的未來。馬雲的言語再說一遍已無新意，眼前該注意的則是「滴答」的叮嚀。

一〇四、二、二十

十七、眷村國劇活動的消失

話說當年百萬大軍渡海來台，各軍種紛紛成立了海陸空軍國劇劇團，不時慰勞三軍，軍眷村裡的活動中心，由村民自動自發，也陸續響起了鑼鼓琴聲，就左營地區來說，幾乎村村有國劇社團（俗稱票房），週週有聚會，年年有公演，給眷村帶來不少歡樂。國劇愛好者原不分東西南北，而眷村成員來自各方，由共同參與國軍而團結，由愛好國劇而和樂如一家，紓解了許多遊子鄉愁。

時光不斷流過，眷村已形老舊，轉眼一批批遭到拆除，眷村國劇活動如煙雲一般消散，原有愛好者散居各處，多數已進入老年晚景，想恢復昔日歡樂，既無適當處所，也無力重加組合，只剩下零星少數，還在倚隅維繫，總想把這國粹文化活動延續下去，然而無依無助，心餘力拙，眼看就將淹沒於歷史灰燼中。

我們懷念眷村，我們更牽念以弘揚忠孝節義美德的國劇，從此消失於社會，因爲我們深知，除了眷村，其他很少有社會性的國劇活動。在今天人心不古，世風日下，尤感弘揚國粹文化，不可一日缺少，奈何眷村既不存在，我們欲保留美好文化活動，又去何處訴說！

國劇無聲不歌，無動不武，廣受海內外華人所歡迎，無任何劇種可及，只因缺少推廣，很多民眾有感隔膜。蓋國劇不比流行歌曲，卡拉OK即可學唱。國劇需要專業琴師鑼鼓師帶動引領，然後方可練唱，進入門徑。如今沒有推廣機構，師資難尋，社會國劇文化活動，將有全面消失危機，屆時國劇不止失去普及教化功能，也將喪失社會基礎，而成爲櫥窗藝術，誠非吾人所願見。

國劇大致區分兩個支脈，其一爲專業性國劇團體，如劇校劇團等，旨在傳承及藝術之精進，其二爲社會業餘國劇活動，是民間自組之國劇社團（票房），高市興盛時多達廿餘處，以業餘休閒爲主。一般官員誤認爲重視專業國劇團體就是提倡國劇，因此完全忽視社會國劇活動，任其自生自滅，孰不知兩者同爲中華文化而傳揚，同等重要。一般人民既不知區分，政府主事者亦不瞭解，民間國劇活動，更有深入基層具教化之功，只說社會國劇活動日漸式微，實際是沒有用心，沒有政策，沒有推廣。

古早時期，台灣本土社會，也曾有過熱鬧的國劇活動，目前不少本地青少，同樣喜愛國劇，只要有心推廣，國粹文化，到處都能綻放光芒。我們若能認清社會國劇活動的重要，大力提倡，努力發揚，有朝一日，國劇文化活動，普及於台灣每個角落，又何需再抱怨眷村的消失。

一〇四、五、十二

十八、春節慰問金意義

一年一度的春節又將來臨，這是所有華人極度重視的節日，政府為了感謝軍公教人員一年的辛勞，懷念退休人員往日對國家社會的貢獻，特發給春節慰問金，民間也為了敬老，孝親，鼓勵青少，獎勵部屬員工等，發給紅包，各以不同意義，共同慶祝美好佳節，我們退休榮民，在接受春節慰問金的同時，也應該體認對我們的特別意義。

一、軍人用生命保國衛民，無任何職業可比，榮民以畢生奉獻軍職為榮，春節慰問金是因這項神聖職業表示敬意。

二、敬軍，是提升軍人精神戰力，各國皆然，崇敬退伍軍人是敬軍的延續，更有激勵現役軍人的積極意義，故春節慰問金的發給，是加強國防戰力的必需措施。

三、春節慰問金，是民族習俗，無論政府或民間，不管現職或退休，人人都沐浴在美好文化中，普天同慶，沒有例外，這是中華兒女特有的傳統文化，俱有濃厚的倫理情懷，此時此刻，吾人尤應大力提倡和發揚傳統文化。

以上皆屬無形的精神價值，不容扭曲，不能用金錢物質觀念衡量，也不容有選擇慰問，有給有不給。所有國人，皆應深切了解美好佳節意義，吾等榮民，更應坦蕩承接這份榮耀和責任，維護美好文化，提振軍人精神，珍惜春節慰問金。

一〇三、十一、二十

十九、莫名其妙的「市長獎」

前些時新聞報導，台北市市長女兒國中畢業成績優異，獲得「市長獎」，一時傳爲佳話。「市長獎」是爲全市國中畢業生考試成績最優者而設，全市考試最優誠不容易，但設置「市長獎」用以鼓勵考試，值得商榷。

由於考試方式簡便而少爭議，於是被普遍用於學校招生，用於畢業依據，用於考選人才，甚至把考試成績用作獎項。固然考試成績是人才重要因素，但絕不代表人才的全部，更不是首要條件。有位企業家說「我用人不重視學歷」，又一位說「會讀書的孩子不一定會做事」，雖然這些說法不能概括全部，但也說明會讀書會考試，不一定都是完美人才。

我國古代重視考試，狀元考試隆重莊嚴，不過那是取才方式，不是教育制度。一篇文章就可能高中狀元，皇家便可賦予重任。因爲古代社會單純，若能飽讀詩書，則治國平天下的大道理，以及個人修爲要求全在其中，各地私塾學堂教育要求嚴格，當具備參與考試資格，就已達到人才的一定水準，這是當時教育的成功。再從一篇文章中，更可看到個人才華，學養、能力、道德等無形人才因素，那是考試與教育完美的配合，錄取後就是人才就可運用。就今日考試來講，科目繁多，全是現代知識技能，教育既缺少聖賢詩書內容，考試又難以測驗個人無形因素，則今天的考試，怎能與往日狀元文章相比！

中華文化強調「因材施教」，不是因考試成績而教，「因材施教」包括了考試成績，考試成績卻不能包括「因材施教」內容，只因「因材施教」費時費事，現代教育爲省時省事，背棄了文化要求，直接用考試成績作爲培育人才依據，更設置了「市長獎」，以獎勵考試，與「因材施教」漸行漸遠。

認眞而言，「因材施教」，必須重視個人的條件，如意願、性向、體能、智商、興趣、品德、才能及考試成績等。從小學開始，到各級學校，對每個學生平時重要言行，都該予連續紀錄，長期考核，階段評鑑，考試成績，也要各科成績綜合分析，以了解有利發展傾向。逐步調整人才培育方向，達到既符合個人條件，又合乎國家政策，更配合社會需要。這些過程不是短時間的考試就可獲得答案，而是經過長時間考驗才有可信結論。基本上這是尊重人權，以民本文化出發的教育，也是最負責的教育。

再說國中畢業學生，心智尚未成熟，考試成績不代表未來，何須如此重視，教育應盡速取消考試成績的排列，讓人人第一名，行行出狀元，個個對未來充滿希望，這才是教育應有態度。獎勵考試的「市長獎」，眞是莫名其妙。

一〇四、十、三十

二十、擎天之「柱」

中國國民黨領導抗戰，從日本手中光復台灣，其時何等豪氣。大陸變色，中央政府遷台，總統蔣公在台復職視事，仍舊領導台灣地區軍民，矢志反共，確保台灣安全。然而曾幾何時，國民黨被罵爲「出賣台灣」的共犯組織，蔣公銅像一夜之間打的粉碎。「台灣獨立」隨處可聞，而「統一中國」無人敢喊，國民黨總是謙讓，盡力維護言論自由，但這是個不平衡的「自由」。

在長久謙讓下，國民黨選舉中節節失利，一片愁雲，於是才有洪秀柱的出現。由於她敢想敢說，當仁不讓，你喊「台獨」，我說「憲法一中」，你喊「一邊一國」，我說「一中同表」。洪的主張全是中張國民黨的一貫政策主張，沒有特別，在藍營長久抑鬱下，無人說出，一時洪的民調高達百分之四十五，被舉爲國民黨的總統參選人。

洪的「一中同表」，實際就是「九二共識」。兩岸都認同「一個中國原則」，共同對外宣示，豈不「一中同表」！而「一中」非指任何一方，乃是原則。誰知遭到藍綠兩方的反對。綠營反對的是把兩岸政府統一成「一中」。藍營反對的是害怕「一個中國」失去選票，錯把「一中」指爲中共，眞是悲哀，狀況不利下洪秀柱終於退選。

政黨競爭，本就要高舉黨的理想主張，以爭取人民認同，從未聞對黨的主張不加弘揚，而只靠謙讓就能獲得民心？雖然國民黨有時被動說明政策目的，卻總是被「攻擊」後的「後手棋」，永遠跟在對手之後補破，棋勢必衰。洪秀柱成功地伸張了國民黨的主張，可算對國民黨，撐起一根擎天之柱。

洪秀柱在逆勢中挺身而出，勇敢可佩。壓力沉重，毫不動搖，主要在撐住黨的理念於不倒。民主時代，人民最重視的就是政黨理念，洪秀柱提醒了社會對國民黨理念的認識，值得欽佩，若再進一步闡述如何達到理念的方法步驟，將使人民更瞭解未來途徑方向，就國民黨來說，確是可喜之事，不要再含糊忍讓，忽視理念，只看選票。我們也希望民進黨同樣以理念爲重，詳細說明達到理念目標的步驟方法，讓人民清楚的看到未來途徑，不以民粹而取勝，那才是眞正民主。

一〇四、十、二十五

二十一、「割喉割到斷」

「割喉割到斷」，是民進黨邱義仁先生的「名言」。今天國民黨連番選舉失敗，民進黨取得完全執政機會，於是又想要一鼓作氣，「割喉割到斷」了。例如清算黨產，否定國父，台北忠烈祠的衛兵也要取消，中正紀念堂改制，這一連串都是割喉挖根動作。雖然民進黨否認是中央政策，實際都是民進黨黨員所提，未來的立法院，可能還有更多聳聽新聞，爲了「割喉割到斷」，競相「立功」，成爲風氣。高雄市中正文化中心蔣公銅像，曾在一夜之間打成粉碎，台北市的國父銅像，蔣公銅像，甚至兩蔣陵寢，未嘗不會在一日之間，完全消失。

客觀而言，人的咽喉割斷便會死亡，草木除根不復再生，不過政黨的思想理念，植根在眾多人心之中，又如何割斷除根？何況二千三百萬人民，既非全都擁護民進黨，就應該互相尊重，維護高尚民主品質，似這等小把戲，既不能成大事，又不足扼殺國民黨生存，豈不枉費心機。

國民黨始終爲台灣人民幸福生活而努力，過去領導抗日光復台灣，共黨勢力擴張，竭力抵抗，確保台灣安全，兩岸長久軍事對峙，國民黨搭起國共平台，才有今天兩岸和平發展，國民黨與台灣人民關係密切，想割斷生機也難。

長久以來，國民黨不只是關心台灣人民，同時也關心中國大陸地區人民，要把民主自由，落實台灣，普及大陸。只因兩岸緊鄰，息息相關，關心大陸就是關心台灣。沒有民主自由的大陸，台灣人民就不能安享民主自由的幸福。爲台灣人民想，就要放棄那些小家子器的小動作，把心胸放寬，目光放遠，從大處著眼，就不再想割他人之喉了。

爲了健全民主政治，我們希望國民黨再有執政機會，不過國民黨應該先從健全理念，深入論述，擴大宣導，普及基層開始，然後高高豎起鮮明目標，昭告世人實踐理想的步驟方法及願景，讓我們知道中華民國未來方向，必能內外景從，四海歸心，到時風雲四起，人才蜂湧而至，那怕沒有票源，那怕沒有執政機會。

政黨輪替執政，倒是一件可喜的事，怕只怕輪來輪去，又割來割去，國民黨雖不怕「割喉」，倒是台灣這樣混亂不已，人民遭殃，無限憂心。

二十二、憂國劇

國劇無聲不歌，無動不舞，內容豐富教忠教孝，是我國特有的國粹文化。喜愛者不分男女老少，籍貫不分東西南北，沒有任何劇種可及。往日高雄地區，國劇社團遍佈各地，多達廿餘處，俗稱票房，週週有聚會，年年有公演，好不熱鬧。如今只剩下幾處，門庭稀落，不禁爲這美好的社會國劇活動憂從中來。

一、國劇大致區分爲兩個支脈，一爲專業團體，另一就是所憂慮的社會國劇活動。兩者同等重要，政府常忽視社會國劇活動，不聞不問，任其自生自滅。我們憂慮，不久社會國劇活動，將全面消失。

二、社會國劇活動興盛，乃整個國劇之社會基礎，對弘揚國粹有普及之功。憂國劇喪失社會基礎，將成櫥窗藝術。

三、社會國劇活動，除爲國劇社會基礎外，也是民間正當娛樂，更有無形教化之功，能增進族群和諧。憂慮如此良好國粹文化，輕易拋棄，是社會損失。

四、一般音樂，由一位老師即可帶動集體教學，而國劇則需衆多鑼鼓琴師帶動，學習者一一輪唱，方式完全相反。政府社教活動常不加區別，分配的老師和經費，概以一位爲限，名曰「公平」，令人啼笑皆非。我們憂慮，官員普遍不識國劇，阻礙了國粹文化的發揚。

五、社會有心學習國劇者所在都有，只是學習無門。如今宣導式的推廣，一場熱鬧過後，依舊無處學習。我們憂慮，長此以往，國劇永難深入社群，向下紮根。

六、國劇老師爲推動社會國劇靈魂，然師資培養不易，既無誘因，亦非民間能力所及。如今社會國劇活動，普遍缺少師資，憂慮不久很多地區將被迫停止社會國劇活動。

七、國劇向社會推廣，必須派遣少數老師，常駐各地，引導地方喜愛者學習入門，協助成立社區票房，逐漸擴張至各級學校、工廠、企業、政府機關，使處處有社團（票房），從自學，自唱，自演中普及推廣國劇，蔚成風氣。憂慮不能如此腳踏實地，一步一痕，終將效果不彰。

八、由於政府缺少社會國劇活動專業管理機構，一無政策可言，社會國劇活動常遭困擾，無處可訴，猶如孤兒，我們憂慮孤兒悽涼景況，更是文化的悲哀。

九、社會國劇活動，乃堂正之文化活動，只因身爲孤兒，不得不淪落在古廟，陋巷，台北中正紀念堂後方迴廊，長久以來無人問聞。憂國寶文化如此下場，有損國譽。

十、社會國劇活動下場悲愴，整個國劇藝術也將逐漸沒落，我們不只是憂國劇，也憂社會，更憂傳統美好文化。

社會國劇活動，超越其他藝術，本是廣泛的國民文化活動，應該人人會哼唱，處處有歌聲，專業與民間活動，相得益彰，促進社會歡樂和諧，不枉「國劇」之名。這種特有的社會文化，在國際間引以爲傲。可惜無人重視，只落得歌聲靜，人影稀，無限憂心向黃昏。

一〇五、四、十

二十三、正義轉型吧！

國民黨總統選舉失敗，民進黨高喊轉型正義，不過在轉型正義之餘，人民也希望民進黨能「正義轉型」。

前蘇聯領袖業爾欽與戈巴契夫，二人曾聯合向世界宣布「共產主義實行七十年證明失敗」，於是一夕之間正義轉型。目前俄羅斯，仍舊是世界強國之一。鄧小平隨後宣布「實施中國式社會主義」，繼之改革開放，國力大增。他們原都是忠誠的共產黨領袖，竟然把共產主義改到「面目全非」，成功地正義轉型。民進黨能否放棄台獨主張，有所改變？作一次正義的轉型呢？

目前台灣面臨藍綠紅三方力量角力，各有主張不相讓步，中共在與世界各國建交時，都要求承認「世界只有一個中國，台灣是中國的一部分」，在角力中豈能無干。綠營縱然在島內擊敗藍營，也難宣布台灣獨立。民進黨何不思考與藍營採取合作態度，立即收斂兩黨惡鬥，從策略上先求改變，這不就是正義轉型的第一步嗎？

民進黨因為缺少認識，常把國民黨與共產黨視為同路人，一律打成「統派」，從不思考藍紅相異何處，常給人戴上紅帽，不斷攻擊詆毀，國民黨百般忍耐，只為台灣人民爭取幸福前途，這片苦心，民進黨不知體會。對國民黨認知錯誤不知悔改。歧視「統派」，不容許異議的不民主態度不知反省。難道這些都不須更改嗎？要做一個堂正的民主政黨，就應坦蕩胸懷，向泱泱民主大道正義轉型。

在情，在義，在利，在勢，台獨運動皆是不通之路，缺少有力理由，僅憑反覆操作二二八效應，揭發過去政府的獨裁，黑暗，白色恐怖。往日或有不當，而歷史學家，綜貫前後史實情勢，或許說那是保衛台灣的安全措施，不足以說明藍營本質，更不是反中理由。用醜化，仇化，去中國化等招式，更顯示民進黨的低俗化和黔驢化。長久以往，力竭途窮，百姓苦難不止，不如正義轉型，才是康莊大道。

綠色人物只看到台灣面臨太平洋，海闊天空，但沒有看到大陸面對海洋，全被一串鏈島封鎖，愁眉不展。加上南海風雲緊張，豈肯輕易放手台灣。若罔顧現實，一意獨立，必然是一條腥血之路。為人民想，民進黨應該放棄台獨主張，聯合國民黨共同追求兩岸民主自由的統一。李登輝也曾說過，「大陸民主自由，統一有什麼不好」，何況民命關天，民主自由總是和平，正義轉型，人民才有幸福。

藍紅相異，就在民主自由，藍綠相同，也在民主自由，藍綠攜手建設台灣，才能壯大台灣，然後可與中共週旋。用民主自由力量，結合海內外華人影響中共，將兩岸統一在藍綠共同追求的目標下，共享民主自由幸福。屆時藍紅之爭，紅綠之爭，將消失於無形。又何需今日的針鋒敵對，費盡心機。何況藍綠惡鬥，力量抵消，紅色坐收漁利，命運堪憂。民進黨一念之間，就是人民幸福關鍵，爲台灣人民想，正義轉型吧！

一〇五、四、二十八

二十四、「轉型正義」與正義轉型

民進黨總統當選人，甫上任便宣稱要進行「轉型正義」，國民黨不知如何對應，不過我這老榮民倒有話要說。中華民國已傳承一〇五年，蔡女士當選的是中華民國第十五任總統，自應遵循中華民國歷史軌跡繼續前進，何來「轉型正義」之說？

東西德國統一，由於國際共產主義宣布失敗，東德原有共產制度，思想觀念等，全都要轉變，從一黨專政轉型至自由民主體制，這可算典型的「轉型正義」。如今中華民國並未如東德一樣轉變，「台灣國」亦未誕生，我們不接受「轉型正義」之說。

有人說「威權時代」種種不合理，就該有所「轉型」，不過「威權時代」有其特殊時代背景，戒嚴，限制自由，報禁，黨禁，嚴格取締台獨叛國活動，都因當時面臨強敵，考慮台灣安全而採取的必要措施，無所謂對與錯，那些都是政府職責所在，至於是功是過，應由歷史學家，根據當時內外情勢，客觀衡量，不能用今人主觀意識評判往事。何況我們早已進入民主時代，除「台獨活動」仍舊爲叛國行爲，必須嚴厲取締外，其餘不合理情事，都已逐步改進。尚未改進者，仍可依民主方式繼續改進。蔡總統繼掌政權，只是民主政治自然更替，不需要藉「轉型正義」之名，行清算鬥爭之實。

中國國民黨締造中華民國，長期執政，曾對台灣有過重大貢獻，也有很多缺失，對缺失，就應該檢討改進，馬前主席年年都要對缺失「鞠躬謝罪」，說明國民黨尚有反省能力。苟有改進，必有選票，不能改進，縱有黨產，也將落敗。反對者無需不提貢獻，專就錯失挖棺鞭屍，反覆凌遲，台灣人民不需要這種殘忍的政治文化。

民進黨人不要勝利沖昏了頭腦，妄想中華民國已經滅亡，於是大喊「轉型正義」「追究歷史眞相」，否定國父，消滅中正紀念堂，想一舉鏟除中華民國痕跡。我這老榮民用雷聲警告，中華民國存在一日，就沒有「轉型」之說，「台獨叛國主張」永遠不是「正義」，中華民國不斷改善進步，絕不需「轉型正義」，只有民進黨盡速放棄背叛國家的台獨主張，「正義轉型」。

一〇五、六、三十

二十五、核電的擾嚷

核電確是可以推動人類發展的強力能源，但管制不當，放射線外洩，也是人類最大的傷害力量。今日我們的核電第四廠續建停建問題，引起廣大社會的討論，政府一時拿不定主意，甚至要交由公投來決定，正因爲利與害都會產生巨大結果，所以才有決策的兩難。不過關鍵問題，還在安全管制，如果百分之百安全無虞，又何需討論不休。

政府官員說，「誰也不能保證不會感冒」，既然沒有一位官員敢保證安全無虞，只有停建廢核一途，何需討論，又何需公投！今天大街小巷，報章電視，都在討論核四電廠興建問題，甚至舉行大規模的反核遊行，試問我們的核電安全，是靠這些人來決定的嗎？核電安全要靠公投，是靠多數民主人頭來保證安全，或否定安全的嗎？

中央政府設有原子能委員會，簡稱原能會，其領導人說「核能電廠是否續建我們保持中立」，或曰興建決策是中央政府的政治決定，原能會僅屬技術性安全審查，不過政府必定先經過核能專家的評估，認爲在一定條件下安全無虞，然後才有興建決策，否則憑什麼決定興建核廠！原能會委員，都是核能專家，都是政府決策的支柱，如今豈能保持中立？原能會是政府一環，哪能與政府決策矛盾，而袖手一旁。原能會的態度曖昧，人民核安信心動搖。

核能的學術性研討，自應客觀中立，不可帶有政治立場，如果建築的地點方法，安全是正面的，肯定的，核能專家就該大聲告訴社會大眾，並大力支持興建核能電廠，因爲這對社會有重大利益。相反的，若是否定的，就該大聲告訴群眾，並大力反對，因一旦發生核災，損害難以估計。或則條件下安全無虞，那就把條件說明清楚，哪容許專家以外的人，在那裡說長論短，擁核反核擾嚷不休，而專家們保持中立，閉口不語，寧非怪事！

既經決定興建核能電廠，政府及原能會便要向人民負起安全責任，毫無遲疑。原能會更要向人民詳細說明原委，負起積極的專業責任，保持中立就是推諉責任。行政院不遵從專業，不讓原能會承擔責任，竟然也把責任推給沒有深入核能知識的社會大眾去公投，同樣是不負責任。無論政府對問題的處理，原能會的態度，以及一般人民對問題的認知，只可用一個「亂」字形容。

電視名嘴，社會大眾，七嘴八舌，有反核四不反核，有全都反對，也有籍機獲取政治利益，眞是一片雜亂。

核一核二核三相繼運轉，核四也已開工，竟然又來反核風潮，政府遲疑不定，政策搖擺，顯示決策思維混亂。

核四電廠工程，產生種種問題，行政院更換了新閣揆，經濟部換人再做，核四總工程師提前退休，原能會宣布中立，到底問題癥結何處？至今沒人負起責任，似乎都有責任，卻又人人沒有責任，一片紊亂。

一個雜亂混亂紊亂的政府，眞可說庸官亂政，有何核安可信？事實上依現代人類智慧能力，核安可加控制，在任何變動下，不論山崩地裂或海嘯，電廠可毀，核子射線絕不會外洩，大家朝向絕對安全努力，相信我們可以享受核能的幸福，科學問題，擾嚷何用！

一〇四

二十六、一場防「疫」作戰

民國一〇五年九三軍人節，一群退休軍公教警等，超過十五萬人走上台北街頭，抗議政府的「年金改革」走樣變形。他們每人頭上綁上一條黃布帶，上寫「反污名，要尊嚴」，這就是主要訴求。大家依規定時間地點集結遊行，又靜靜地按時離散，結束一場平和抗議。由於防疫可預防疾病的來臨，而「年金改革」，本是好事一樁，卻因走樣變形，似乎是重大事故發生的前奏，怎能不防。沒有侮辱誣衊，何來「反污名，要尊嚴」的嗆聲，那麼侮辱，誣衊，又所爲何來？

退休年金乃是國家制度問題，軍公教警是政府聘請給薪，退後由政府給予一定待遇。一般勞工非政府聘請給薪，退後待遇微薄，這種現象，需從制度面去改革，參加遊行的軍公教警，同樣支持制度改革。

然而執政的民進黨黨員民代，及一些偏激名嘴，在電視節目中大罵退休軍公教警，是「肥貓」，是「米蟲」，並將退休上將待遇與基層退休勞工相比較，指名道姓「某將軍退後只該發給基本生活費用，不該如此待遇」，他們不但否定了現行制度，也否定了退休者的官銜軍階，更否定了國家和歷史，他們瘋狂地掀起階級鬥爭，族群仇恨，彌漫了一片「文化大革命」氣息，「紅衛兵」們一一出現，眞是「山雨欲來風滿樓」。

這樣的瘋狂下，如同戰爭即將來臨，連九十多歲的老將軍也上街抗議。原只號召十萬人遊行，結果參加者超過十五萬人以上。民進黨前立委李某，電視節目中大罵「造反」，然而終究平和落幕。一場示威，展現了退休軍公教警人員的風度和實力，緩和了「文化革命」的發酵。

軍公教警，原都是國民黨的基本票源，這些人退後又獲得政府一定的生活保障，民進黨咬牙切齒，恨難改變，如今軍公教警的「退休年金」與一般勞工年金產生矛盾，於是藉改革之名，行鬥爭之實，在「割喉割到斷」的「指導原則」下，要把這些退休的軍公教警鬥垮，鬥臭，鬥爛。這場惡鬥大災難，是否能因遊行抗議，而獲得眞正「免疫」，無人知曉！

退休的軍公教警走上街頭抗議政府不當，堪稱空前，他們爲防止「年金改革」的變質而提警告，爲避免「文革」的動亂而注射預防「疫苗」，他們不願受辱的昂然風骨深爲敬佩，他們爲基本人權的尊嚴而「戰鬥」值得喝采，然而我們的民主進步到今日，還要老將軍親上第一線，來爭取基本人權的尊嚴，不禁又覺可恥。

一〇五、十、一

二十七、民意基礎？

蔡總統堅持不承認「九二共識」，面對大陸聲稱不能違背民意。大陸以十三億民意相回應，蔡總統譏諷大陸民意不眞，那麼蔡總統當選的民意，又何嘗是眞呢！

蔡總統競選期間從不提「九二共識」，只保證兩岸關係維持現狀不變，由於「不變」大家才投票給她。誰知選後兩岸官方全面斷線，關係從不變轉爲大變，蔡總統的民調直直下滑，民眾如夢初醒，當選的民意，早就非眞了。

「九二共識」，以一個中國爲原則，就我自爲「中華民國」。而綠營民代名嘴，至今還在電視節目中，誤導人民「一中」就是「中華人民共和國」，像這樣黑白顚倒，所換來的選票，豈爲眞實？

年金改革是制度問題，選後卻說成鏟除「肥貓」「米蟲」。把軍公教警退休待遇與勞工相比，製造階級鬥爭，激怒了退休軍公教警拾數萬人走上街頭。這些人至今仍支持制度改革，很多贊成蔡總統年金改革而投給一票，如今卻成反對者，反對借改革之名掩蓋鬥爭之實，原先選票都是眞心嗎！

選後陸客銳減，觀光事業及週邊產業難以生存，紛紛走上街頭，勞工朋友不滿砍假，也進行街頭抗議，這些都是在「兩岸維持不變」及答應「週休二日」，信誓旦旦下投給蔡總統一票，如今一覺夢回做了反對者，選票也失眞。

國民黨黨產是歷史遺留問題，也是政治問題，理應全國政黨共同協商處理。國民黨馬前主席，數邀蔡主席面商國是，概加拒絕，如今蔡主席當選總統，對付國民黨卻以「現行犯」拿問，立即凍結黨產，用國會多數立法處理，查封黨產，豈非多數暴力。引起很多中間選民，也看不慣這種粗魯暴虐行爲，戕害政黨政治，支持者轉爲反對，勝選民意，豈爲眞乎？

我們不願說蔡英文用謊言騙取選票，但選後眞像畢露，民調一路下滑是事實，投票時的民意基礎失眞也是事實，不眞的民意，何可憑藉！

一〇五、十、十六

二十八、再談「九二共識」

「九二共識」包含「一個中國原則」和「各自表述」兩件大事，如今被簡化成「一中各表」四個字，不免被誤解為分裂的兩個中國之意，故有「一中同表」的出現。其實「九二共識」，雙方都認同「一中」，共同向外宣布，就是「一中同表」。不過這「一中」是原則，既非「中華人民共和國」，亦非「中華民國」。也可說兩者都是，為免紛擾，才採中性的「一個中國原則」。有心人士把「一中」解釋為「中華人民共和國」，是顛倒是非。

現實狀況，兩岸各有代表「一中」的中央政府，他稱「中華人民共和國」，我稱「中華民國」，互爭代表「中國」至今不肯相讓。為了緩和對抗，才容許「各自表述」。但「各表」內容互不承認，「各表」方式皆不認同，在不承認不否定下，暫維和平，這也是「求同存異」的共識。

「九二共識」中，「一中」是同，「各表」是異。相異之處擱置爭議，心照不宣，爲了和平暫時「存異」。有些藍營立委，希望「洪習會」必須表明「一中各表」，豈不把「相異」搬上台面，難道希望兩岸對立對抗，回到從前？我寧可認爲他們認識不夠。不過立委如此，其他不必多說，所謂政策宣導，莫非一大笑話。

一〇五、十、十九

二十九、向教育開腔

多少年來教育改革不能盡如人意，向教育開腔是希望改革教育，能把握重點，猶如開槍要針對目標，瞄準要害，然後改革始有成效。

國家教育體制龐大，千絲萬縷，不知改革從何著手，諾貝爾委員會也沒有這門研究獎項。不過教育不能脫離社會，我們不妨循社會變化，探討今日社會對教育的要求，尋找必須改革的「目標」和「要害」。

古早時期社會單純，教育惟一責任就是培養優秀人才為最高目的。國家用考選方法，選擇少數優秀，便足以為國所用。不過如今社會已然變遷，人口增加，經濟繁榮，教育已不是埋首培育人才就可滿足社會要求。尤其國際競爭激烈，落伍就被淘汰，島上所有人民，都是同舟一命，人人戰戰兢兢，休戚與共。在這樣的生存環境下，教育面對的是個集體目標，是要把每個國民，都要教育成不同類別不同等級不同專長的人才，共同奮鬥以追求整體進步。傳統的選擇優秀培育人才的教育，已不能適應今日社會需要。

經濟是我們的生存命脈，教育無論在專長，類別，等級、數量等，都要與經濟密切配合，做到供需平衡，過剩與不足，皆將影響經濟發展。而今教育只爲培育人才，把培育的人才，送進社會責任完畢，對「配合」二字還很陌生，怎能符合社會期待？

社會安寧人民才得安定，如今不合學校要求者便予開除，退學，還有一些中輟生，落榜生，放牛生，行爲乖張的不良生，和無一技之長的遊蕩青少，一律送進社會，成爲社會不安因子。青少時代應該給予教育而未教育，那就是社會不安寧的製造者。

教育只向「優」看，那些「非才之材」一律拒之門外，教育又怎能面對「因材施教」「有教無類」的古訓。

政治是管理眾人之事，今天教育不與經濟配合，不向社會負責，眾人就業之事已不堪一顧，大才小用，小才大用，學非所用，有學無用，所在都有。這不僅是人力的浪費，也是教育資源的浪費。負責的教育，應該與社會各行各業人才需要相接軌，學生畢業，沒有徘徊，摸索，等待空隙，迅速進入工作崗位，建立良好就業秩序，這乃是完整的教育責任，無可推委。

文化是國家無形國力，所有教育內容就是國家文化內容，所有教育人員皆是文化尖兵，文化既是有形國力的後盾，也是社會進步的先鋒，故教育內容必須力求充實新穎領先，引領社會進步，肩負文化建設責任，不以培育人才爲滿足。

民主時代，人人都有受教育的權利，再不能擇優而教，排斥其他。這個時代，高等級有高等級人才，低等級有低等級人才，只要具有一定專長，人人都是人才。教育必須普及而無遺漏，使各適其材，各適其學，各教所需，各安其所愛，然後才能向集體目標負責。

以上無論經濟、社會、政治、文化及個人權利，對教育的要求，在在都是社會變遷下，教育無法迴避的時代責任，這些責任何其重要，而與事實的距離又何其遙遠，這就是今日教育要改革的「目標」。

教育在社會強烈要求改革下，務必改變考選優秀，教優棄劣的培才方式，實施全民教育。放棄培育人才的最高目的，以促進國家社會整體進步爲己任，這就是今日教育需要改革的「要害」。

往日的培育人才依然重要，不過只能視爲教育的基本功能，不能作爲目的，只有站在基本功能基礎上，針對「目標」，指向「要害」，彈不虛發，改革必有成效。

一〇一、五、五

三十、我們要大踏步的教改

教育要改革要進步，就要大踏步前進。目前大家都在討論延長十二年國教問題，似乎視爲重大革新，其實這都是小碎步的移動，不算是改革，只可說國家財政的賜予。與多年前推動九年國民義務教育，其意義與社會效益不能相比。其時社會狀況與今日大不相同，延長九年國教，普遍提升了國民水準，讓中小企業興盛，帶動經濟起飛，也促進了民主政治的進步。而今社會繁榮，工商發達，教育對社會的貢獻，已不是延長國教爲首要工作，而是教育資源的分配問題，學制改革問題，人力運用問題，國家整體競爭力提升問題，教育如在這些方面努力革新，方可算是大踏步前進。因爲著眼，觀念，格局，影響範圍，完全脫離了傳統思維，大踏步的教改，也就是大幅度的進步。

世界各國都以考試分數來決定是否取得教育資源，入學就讀。由於考試方式簡單科學少有爭議，於是我們也用考試招生。對那些放牛生落榜生，一律拒於校門之外。實際上中華文化「民爲邦本」「因材施教」，極爲尊重民主人權，考分既不是人才的惟一因素，豈能以一考來定終身。還有品德、性向、資質、才能、志趣等，連同考試成績，綜合分析，決定培育方向，才較周延。不過這樣的決定，缺少科學數據，可能產生爭議。然而，我們若深一層探討，教育只要放棄學籍學位的設置，改以學習專長爲主，把每個人的教育，導向於工作需要之上，入學從簡，畢業從嚴，使「因材施教」確實與學習需要相結合，可望消除這些疑慮。我們惟有充分尊重每個人的各別差異與工作志願，才能人人心平氣和，教育資源分配，縱有差別，但是公正合理，無可異議。

由於今日科技進步日新月異，教育應該儘快建立正式的終身學制，取代現有制度，以符合時代要求。學習必須與工作交互前進，即學即做，隨做隨學，直至老退。縮短學程，增加學次，教育內容隨時保持最新。不以追求學位爲目的，總以學習專長爲主。況且人才也不是教育單獨培養而成，須從工作磨練中表現優異，那才是眞才實學人才。我們有了緊跟時代腳步的眞實人才，那怕國家不能進步。

傳統教育，只把畢業學生送進社會就算責任已盡。不過社會就業秩序紊亂，眾所皆知。這是人力運用管理的不當，也是教育的浪費。教育必須深入社會，掌握各行各業人才需求狀況，建立合理的就業秩序，把就業人才很快送進各適合崗位，這才是眞正的教育目的，和完整的教育責任。中華文化「人爲邦本」，教育就要爲每個人的工作權，生存權，負起教育的責任。

以上僅就數例說明大踏步改革教育的迫切，改革議題尚多，不過就這幾項的改革，將使國家和每個人民，在今天激烈競爭的環境中，提升競爭力量，不斷進步，保持永恆生氣。

教育改革牽涉廣泛，不能由現在的教育專家單獨承擔，還須有遠見的政治家，精算的經濟學家，務實的事業家，深入的社會學家，人力管理專家，連同教育專家等，共同研討，集思廣益，方能踏步前進。

一〇二、七、十

三十一、國防與教育

國防部只管三軍及作戰，教育部管的是學校，老師和學生，兩者各有職掌，各不相干。教育部有系列教育體系，國防部有完整的軍事教育體系，兩者體系不同內容也大不相同。當一般人進入軍中服務，自有不同軍事學校，予以教育和訓練。而退伍軍人回到社會，由於專長不合甚至缺少專長，就業必然困難。尤其今日，科學進步，一日千里，脫離社會愈久，就業愈益困難，退後的再教育問題，更成爲社會重要課題。

軍隊爲保持永恆的青春活力，服役人員常更替頻繁，一旦退伍，對脫離很久的社會，難以適應。這些年青的退伍士官兵，或中壯幹部，都還有漫長人生，沒有工作，總算是人力的浪費。國防部爲顧念退後工作難尋，特別發給優惠退伍金，如此，除了退後不必工作，形成人力浪費外，又多了一層金錢的浪費，豐厚的退伍金，竟然供養一群退休青壯。

教育部對退伍軍人的再教育迄無制度，以及軍方優厚退伍金的發放，都是本位觀念的思考，大家都未從國家整體人力運用問題出發，各自爲政。其實這本是國防部的後續責任，也是教育部的前瞻任務，雙方應該共同謀求解決。國家人力管理與運用，是現代國家競爭力的重要一環，我們不能容許這些人力金錢的浪費永遠存在。

國防部應該事前調查清楚，年度退伍人員的階級數量以及所望專長教育等告知有關單位和教育部，教育部針對所告資料，分類分階分區進行再教育，必要時另立系統，以求專一。同時要調查社會人才需求狀況，與就業機會相配合，結業隨即就業。軍中服務年資與就業後年資銜接計算，年老退休其退休金不受影響。相信退伍和再教育的連接，以及前後年資的連接，就是政府是一體的表現。

退伍軍人不再發給優厚退休金（年老屆退除外），將原有大筆退休金用作退後的再教育，以及輔導就業，大部分退伍軍人應該都能接受。

如果退伍軍人都能依年齡，依需要獲得適當再教育機會，以及圓滿就業，不論對個人，對社會，對經濟，對國家人力運用，都將受益。這項退後再教育，同樣適用於退休的公教人員，讓公教人員服務年限，不必統限於六十五歲，可比照軍人退伍制度，不同退伍年限精神，作彈性規定，將

呆人痴語

可促進公教人員的流通，活潑人事更替，使各適其位，人盡其才，豈不可帶動國家競爭力的提升嗎？

一〇二、八、七

三十二、教育要改行了

各級學校，年年舉辦舊生畢業，新生入學，週而復始，忙個不停。老師們孜孜不倦，終年辛勞，眼看一批批畢業學生送出校門，就是最大安慰。學校就像一座「製造工廠」，不斷爲國家社會「製造」優秀人才，送進社會。教育原就是不折不扣的「製造業」，以培養人才爲最高目的，自古至今，恆久不變，不問世代變化。

教育把培育的人才送進社會，就是責任完畢。後來人口增加，工商發達，也不過增建學校，添加設備，培育更多人才以應社會需要，「製造業」的本質至今未變。

時代推移，社會進步快速，漸漸地人才就業紊亂，有時過剩，有時不足，於是聯想到人才供需配合問題。只因教育本是「製造業者」，不諳配合之道，只有眼看紊亂得過且過。

不過如今已到了爲國家生存而競爭階段，不能競爭就被淘汰。教育似不容把人才送進社會，就算責任已畢，還需進一步深入社會，掌握各行各業人才需求狀況，無論類別、專長、數量、等級、地區、時機等，都要依需要擬訂教育計畫，密切配合各行各業，適時供應適當人才，如同齒輪咬合，緊緊相扣，庶可增進國家競爭力量。

這是時代進步所帶來的要求，給教育莫大震撼。一個保守的「製造業者」，卻要深入社會服務社會，同時「製造」人才也是爲了服務社會難以適應。然而民主時代，當以服務人民爲第一，因此教育不得不改爲「服務業」。

教育的改行是客觀需要，也是主觀要求。倘若沒有深入社會的服務，所教內容如何落實發揮？難道我們長時看到社會，大材小用，小材大用，學非所用，學而無用的亂象而無動於中麼！這不只是教育的浪費，很多層面都受影響。我們終年辛勞，用心教學，所教何爲？故這項配合社會服務的責任，教育無可推卸，改行勢所必然。

教育改成服務業，不是降低教育價值，相反的是加強了教育責任的徹底性，科學性，和完整性。把原有培育人才的目的，提升至爲國家社會整體進步爲目的，擴大了教育責任，增進了教育位階，讓教育落地生根。

一〇五、五、七

三十三、教育要民主

日前新聞報導，有位八十餘歲老人，終於大學畢業。幾年前也曾有個祖孫同堂上課的報導。大家只是茶餘飯後閒談，無人思考老年壯年他們眞正需要是什麼?與青少年有何不同?祖孫同堂，難道不覺格格不入嗎?我們只有一套適合青少教育內容，管你什麼老年中年，願者自來，老少不拘。好像這就是教育的自由民主!

政治的民主在選學，各行各業都有民意代表，爲民喉舌，政府施政不敢偏頗。就教育對象來說，有老人、有壯年、有愚者、貧者、弱者，以及落榜生、放牛生、中輟生、退學生、開除生，無一技之長的社會遊蕩生等，這些人都因困難或根本不可能入學而徘徊校門之外，同時他們都沒有教育的代言人，於是教育落得不理不睬。只秉持既有學制，一定的考試規定，一切以考分爲準，客觀公正，不合者自無教育機會，理直氣壯，誰也無從異議。

有位企業家説「我用人不重視學歷」，也有説「會讀書的孩子不一定會做事」，但教育仍舊用千年不變的學制，萬年不改的考試方法，來培養人才，讓人才一級一級的爬升，一層一層的考試淘汰，似乎也無從批評。

不過我們要追問，現有的學制和考試，阻礙了許多人不能或不容易進入學校，豈不有了偏頗？這些人都有接受教育的權利，一方面誰也不能證明那些放牛生落榜生絕不能培育成一定的人才，也不能確定高分必優低分必劣。顯然現在的學制和考試規定，剝奪了教育人權，違背了民主精神。追其原由，乃是我們的教育有一個千古不變的教育目的，就是要爲國家培育人才。教育爲了培育人才的最高目的，所以才有節節高升的學制，爲了培育優秀人才，所以層層要考試，因此我們的教育，心中只有人才，沒有人民，自然教育便不能講求民主和教育人權了。

不過時代在變，今日社會與往昔不能同日而語：

今日人人皆需教育，沒有一定專長不能適存於社會，這是個基本生存要求。爲了生存，人人要教育，不容遺漏。

今日科學進步一日千里，人人都要活到老學到老，長時升學的培才學制，難與時代同步，故必須改爲終身學制，使學習與工作交互前進，隨學隨做，直到老退。每次學程縮短，可增加學次。放棄學位追求，打破教育單獨培才觀念，人才要把學識結合工作，從工作成效中表現優異，那才是眞才實學的人才。只有終身學制，學習與工作交互前進，才能培養眞才，跟上時代腳步，更可老少皆有學習機會，實現教育的民主。

新時代的教育觀念，是把教育從培育人才的目的，移向每個人民，實施全民教育，不分貧富貴賤，不分老壯少年，不分放牛或落榜，不分愚智，人人都有適合的教育機會，人人都教育成種類不同，等級不同的各類人才。國家沒有不及格的人民，只有教育的配合和用心。教育要爲全民而服務，以促進國家社會整體進步爲最高目的。惟如此，才是紮根社會，才是新時代的民主教育。

一〇五、六、十三

輯三

輯三自序

九二老人劉克慶
賜教處高雄市楠梓區學專路 330 號

不知不覺「呆人痴語」第三輯已完稿，連同已出版的前兩輯合計一百零一篇短文，訂成一冊出版，方便閱讀。

痴呆之人觀點與一般人或有不同，而痴呆發作只顧直直地寫，不問是否妥當？尚請原諒指教。

端午節因緬懷愛國詩人屈原「方正不容」，不禁「痴呆發作」，把一顆傳統粽子研究改變成四角正方形狀，使見粽如見方正其人，吃粽不忘先賢，在「快樂老人」一文中有所敘述，也是「痴呆精神」另一表現。痴呆的思想無羈絆，痴呆的精神直貫注，於是痴呆不息，發作不已。

一、醬油工廠

屏東某監獄所設立的醬油工廠，工作人員六十餘，皆監內服刑人。由於經營得法，每個員工月入總在兩萬參萬元以上，可算極爲成功的監獄工廠。電視台以喜悅心情播報這一新聞，觀眾們必然也跟隨喜悅，因爲這是一所會賺錢的監獄工廠。

不過我們要問，監獄開工廠是爲了賺錢嗎？顯然不是。爲了打發受刑人痛苦時間以便於管理嗎？似乎也不是。是對閒餘人力的利用？那是過於短視。實在講我們對會賺錢的醬油工廠，不知從何而喜？

監獄原是法律限制犯罪者自由的懲處之所，爲了改變受刑者爾後人生，使受刑人端正思想品德，矯正錯誤，出獄後不再有犯罪傾向，故現代獄政，應有教化功能。同時刑期愈長，對爾後復回社會的適應度愈困難，爲了重回社會人人都有正常工作，我們也應該給予受刑人爾後謀生的訓練，甚至引導創造研究，追求更高境界的進步，研究成果回饋社會。使得受刑的漫長痛苦時間中，充實積極性内容，這才是今日獄政努力方向。

學校教育，社會教育，監獄教育，原本是治國治人的一體教育系統，然而今天各自獨立，各有目的。學校是爲了文憑學位，培植菁英人才爲目的，對非才之材一律棄之社會，任其浮沉。社會教育也是以安定和諧爲主，那有積極拯救社會沉淪的抱負?至於監獄教育，而以能賺錢的醬油工廠爲標榜。縱觀這三者的教育，哪有治國治人的想法，都是各自爲政，各有自我目的，都不爲社會著想。如是社會犯罪愈來愈多，慣犯又重回監獄，醬油工廠「人才」濟濟源源不斷，財源滾滾而來，這樣繁榮景像，喜乎!?憂乎!?

一〇六、六、二十

二、我是那裡人？

我是個退伍老榮民，年近九十，一輩子受到社會本省外省言語的煩惱。當我年青時遇到現在的妻子，她是台南關廟土生土長的鄉村女子，還好其時台灣年青女子都會講國語，夫妻溝通沒有問題，倒是與岳父岳母的交談，比手劃腳也難懂眞意，當時就想，要學閩南語。

不久小兒出生，等到牙牙學語時，趁我去台北受訓，時間較長，便讓妻帶著娃兒回到娘家居住，及早讓小兒溶入台灣社會。一年後小子閩南語琅琅上口，字正腔圓，而與我做父親的交談，卻如陌生，他只會閩南語，不會國語，我偏只懂國語不懂閩南語，於是父子言語不通，好氣又好笑。童言童語的問爸爸是那裡人？怎麼講話聽不懂？我回說爸爸是江蘇人，他不懂我的回答？我也不懂如何回答才好。

居住台灣超過半世紀，我還算是江蘇人麼？然而我的閩南語仍舊破爛，似有進步，並不標準。某日去市場購物，我用閩南語與售貨小姐交談，幾次回合，售貨小姐不耐的說「阿伯你講國語就好」，當時我有些氣惱。

「爲什麼我不能講台語？」

「你講的台語我聽不懂。」

「我是正港的台灣人講的是正港的台語爲何聽不懂？」

她笑得東倒西歪「還說是正港的台灣人？」

接著她用正確台語發音糾正我，我故意不認同她的糾正，不能丟「正港台灣人」的臉，她見我無理取鬧，不想多辯，嘆口氣說：「你是正港的外省人哪！」

我強烈的反駁說「你才是外省人。」

「我是土生土長的台灣人。」

「那你住台灣多少年？」「爲什麼正港台灣話聽不懂？」

她不願回答，顯然她還年青，我住台灣比她長久。我倆不再鬥嘴，言歸正傳，繼續購物。論閩南語，她贏我輸，論居住長久，我贏她輸，我的閩南語至今不夠道地，感到慚愧，確實，語言與籍貫銜接密切，開口便知那裡人，「正港」兩字不標準，再久也不是台灣人。

我是蘇北佬，早年沒念過國音字母，講國語也不標準，講台語「正港」台灣人聽不懂，回鄉探親，鄉親們講話都是蘇北土語，能聽不能說，一句母語也講不出口，我倒底算那裡人？我講話四不像，實在講是失去地籍的人，我不是那裡人，原是那裡不是人！可悲！

一〇七、五、二十

三、中西醫合璧

國內很多大醫院如高雄榮民醫院等，都設有傳統醫學中心（中醫），顯然是中西醫的合作，不是合璧。有些西醫博士，研究中醫學問，極有成就，但他腦子裡一半中醫知識，一半西醫知識，仍舊涇渭分明，又豈算中西合璧！

數千年來中醫理論延續不斷，已不能用一句「不科學」而全然否定。外國人對中醫或有不同觀點，但國內的西醫不同於外人，應該用民族瑰寶看待中醫，畢竟只有中國才產生中醫，經過長期蘊育成長，才有今天的社會地位。我們不必偏向中西那一方，我們的醫界爲了醫病救人，就應該合作，本著科學精神，用科學方法去探索中醫理論，去證實中醫醫術，讓中西醫自然溝通結合。

古時缺少科學，如今中醫醫師們科學知識不落人後，然而卻始終不願將中醫科學化。一則用科學方法解釋中醫太難，一則中醫界已建立了自己的「品牌」，揹著「品牌」走天下，不需要科學化。中醫不做，西醫也不做，中醫西醫都具有豐富學識的博士同樣不做！那麼中醫的科學化何時才能實現？

不過當年中醫也是不斷求新求變才有今日成果，問題是今日中醫的科學化，中藥也科學化，如果診斷檢查病情也用西醫種種科學儀器，那麼這時的中醫還能叫做中醫嗎？「品牌」已經變質，誰也不願打破傳統，弄壞招牌。

中醫若全面科學化，西醫採用了有憑有據的科學中醫理論方法和用藥，貫通了西醫的認知，實施綜合性的治病方法，這時的西醫不中不西，有中有西，與世界各國的西醫全然不同，西醫的原始「品牌」，也同樣變質了，我想中醫也好，西醫也好，丟下傳統，跟隨時代腳步前進，那些原始的招牌都讓他消失吧！

中醫西醫應該攜手走向中華文化大道，打破兩者分歧，因爲醫治疾病，救人濟世，是不容分割的共同目標。原有的中醫徹底的科學化，這不是否定中醫，相反的，是發揚中醫醫術。原有的西醫，融合中醫理論，方法，藥材，中西醫合而爲一，共同建立我們特有的「中華新時代醫學」，重塑我們新的品牌，沒有中西醫之別，只有中華新醫學，獨步世界，傲視醫林，這才是眞正中西醫合璧，也是中華文化的光輝。

一〇七、七、一七

四、老子的「常道」

老子道德經開宗明義就說「道可道非常道，名可名非常名」，到底什麼是「常道」，又爲什麼不可道？一般人難以理解。老子自己對「道」的解釋說「道之爲物，唯恍唯惚，惚兮恍兮，其中有象，恍兮惚兮，其中有物，窈兮冥兮，其中有精，其精甚眞，其中有信，自古及今，其名不去」，也是飄渺不可捉摸。

佛家常言慈悲，老子也講慈悲，我們每個人都有慈悲之心，相信慈悲應該是老子所說「常道」一部分。不過我們心存慈悲，常做善事，並宣揚做善事有益社會，勸人多做善事，那麼這「慈悲」二字，在老子的觀念裡已不是「常道」了。道德經又云「天下皆知美之爲美，斯惡已，皆知善之爲善，斯不善已」。其實美與善本身並沒有變化，只是自己因美而美，因善而善的心裡，已不是純淨之道了。

我們心存慈悲，一輩子樂做善事，從不知什麼叫慈悲，什麼叫善事，因爲我做慈悲善事，已成了我的自然本性，我並不是爲慈悲而作，也不是因善事而爲，依本性而做善事，實無可道，亦無可名。

人在「道」中行，不知慈悲是何名？不知行善是何事？一切本性自然，無不慈悲，庶幾近乎「常道」矣。

一〇七、七、二五

五、先手棋

下棋要爭取先手，其意義是具前瞻思維，主動積極，先一步落子，創造棋勢，使對方不得不被動回應，否則不利。後手棋常跟在人後補破，棋勢漸弱，少有勝算機會。藍綠惡鬥，綠營善於先手棋，藍營長期陷在後手棋的格局裡，氣勢均落於被動。例如：

一、「愛台灣」，沒有任何藉口，綠營憑空創造出來的口號，事實上有省籍區分的暗示，對綠營有利。藍營至今除「也愛台灣」外，別無回應，亦不知如何破解。

二、「台灣人民」，綠營口口聲聲都帶有台灣人民如何！事實上支持綠營者絕非多數，卻搶先代表全體台灣人民發聲，使人民誤認只有綠營才代表台灣人民。藍營只是後手棋的個別駁斥，被動補被，聲音微弱。

三、「台獨」，綠營只做不說，藍營只罵不做，罵完不了了之，卻沒有反台獨的論述解說造成輿論，完全陷在後手棋的被動中，使綠營今天修課章，明天砸銅像，肆無忌憚，中華民國尚未滅亡卻先做了亡國的修改？這就是先手。

四、「台灣主權」，綠營將龐大的中華民國硬性納入台灣島內，然後將中華民國主權說成台灣主權，進一步再說「台灣是主權獨立國家」。兩岸互不隸屬當成兩岸已經分離，實際內戰尚未結束，兩岸關係膠著未明。藍營不知如何回應，聽任愚民流傳，連後手棋也不會落子。

五、「賣台」，綠營早就罵藍營是「賣台集團」，藍營只會回說「沒有賣台」，最強硬的反駁是「如何賣台」？其實綠視台灣已經獨立，所以承認「一中」就是賣台，這就是先手棋的方法。藍營不會先手棋，沒人會說「切割國土就是國賊」。由於沒有充分的論述，缺少強力宣導能力，只得被動補破，在「沒有賣台」上描來描去。

韓國瑜高喊「九二共識」，綠營不敢反對，他們深知反對必遭「竊國賊」的回擊，後繼將有更多攻擊，韓在深綠叢中大唱「九二共識」，藍營很多人擔心，因爲沒人會下先手棋，對韓的表現感到驚訝！

綠營先手棋還多，「轉型正義」「去中國化」都是搶先認定中華民國已亡。並宣布「台灣已經獨立名叫中華民國」，不過此「中華民國」並非原有「中華民國」。台獨已在身旁，刀刃相對，「血跡斑斑」，藍營卻無感覺，尚停留在罵獨階段，不知如何掃獨抗獨滅獨。

先手棋不是隨手可得，必須有前瞻智慧，勇敢的膽識，積極企國，奮鬥意志，然後才能取得主動，先聲奪人。

一〇八、二、二

六、基礎教育與教育基礎

國小國中迄至高中，乃是養成良好國民的基礎教育，如果基礎紮實，人人皆為良民，終身不變，如同興建高樓，基礎穩固，永遠不會倒塌。今天很多成年人犯罪，或可說基礎教育不夠紮實，而很多青少犯罪，這種現象，已不是基礎教育紮實與否，乃是新樓倒塌，是基礎設計錯誤或不良問題，甚至沒有基礎教育的嚴重問題。

我們的教育以考分為主，追求升學，其實無人能證實高分必優，低分必劣。況且考分的比較下，必然產生「放牛班」，造成教高棄低的選擇性教育，偏離基礎教育意義。

中華文化是「因材施教」「有教無類」。「材」的解釋不是考分所能完整概括。我們應從小學國中以至高中，每個學生平時的重要言行皆予記錄，連續考核，階段評鑑，連同各科考分，綜合分析，找出爾後向學有利項向，並參考個人興趣、性向、品德、才能、健康、志願、家庭背景、社會需要等，多方考量，對該生爾後升學方向做出結論。這一系列認識學童的考核評鑑方法，必須請專家用科學方法，研究設計標準作業內容，衡量其「材」為何？製訂中華文化特有的，不以考分為唯一依據的升學方式。

國小國中合併為國民基礎教育學校，可增為十年級制，並利用空餘教室，改建學生宿舍，全部學生住校生活，集中管理。參考弟子規等要求，進行課本外道德行為教育。畢業時沒有考分名次，人人第一名，個個充滿未來希望。所有高中改為二年制初級職業學校，職類無所不包，免試入學。人人皆有適合其「材」的教育，以行「因材施教」，人人皆能培養成各類專長基礎人才，以行「有教無類」，人人皆有專長能力，以行生存人權教育，尊重個別差異的基本人權教育，這才是民主的基礎教育要求。

兩年的初級職業學校（高中），其班級區分兩大類，一為研究教育，包含需要長期學習磨練者，如學術研究、科學探索、藝術、體育等，畢業後得進入研究大學繼續深造，終身以研究為職志，研究就是事業，研究成果貢獻社會。一為專科教育，凡不需長期連續學習者，畢業後一律就業或入伍。軍中自有系列教育系統，其餘不分貧富貴賤，人人從基層工作做起，進行實務磨練，人人起跑點一致。各地區初級職業學校（高中），加強功能，成爲地區內人力分配中心，掌握地區人力需求狀況，畢業立即就業，沒有間隙。工作至少一年，或更多不等，依個人努力狀況及工作需要，再加志願，或企業專案培植，進入專科大學，進一步專長學習，入學從簡，結業從嚴，不以長期追求文憑學位爲目的，只求最新專長精進，然後再回專長工作崗位。如此工作與學習多次交互前進，造就踏實有用人才。

我們的人才不是單獨由教育長期連續培養而成，是由實務工作中產生優秀，循內容與時代同步的終身學制，緊跟優秀之後，分次及時供給人才最新「養分」，再貢獻於工作中。學習與工作交互並進，完全自動自發學習，培養的是學識與實務兼優的眞正人才，這就是我們希望建立的教育基礎。

一〇七、十一、八

七、退步之黨

政府進行年金改革，要扣減軍公教警退休待遇，理由是退休基金即將破產。有些幫腔名嘴，在電視節目中大罵退休軍公教警是肥貓米蟲，他們把將軍的退休待遇與基層勞工相比較，指名道姓某上將退休給與太優，只需發給基本生活費用即可。他們否定軍階、否定制度、否定歷史、否定國家，就像紅衛兵一般，清算鬥爭、無法無天。

我們知道資本主義社會重視自由競爭，社會主義社會重視所得分配，共產社會才有階級鬥爭。今天我們生存在民主法治講求自由競爭的資本主義社會裡，何以用社會主義的觀點，共產社會的手段，來鬥爭退休軍公教警？眞是不倫不類，莫名其妙！

軍公教警不同於一般百姓，他們受政府雇聘，聽命政府派遣，有一定紀律的約束，沒有選擇的自由。軍公教警與政府簽訂下終身「賣身契」，不只出賣自由，連生命都賣給了國家。今天要鬥爭他們，扣減他們的退休薪資，於法何據？於情何堪？片面廢除約定於理何在？

我們的勞工在自由奮鬥，自由競爭中，自己的努力自己享受。當經濟起飛，勞工的年終獎金，總在六個月、八個月甚至十幾個月薪資以上。那時沒有勞工退休金問題，只有軍公教警年終慰問金限制在一個半月之內，大家捧金興嘆！而今這興嘆之金也被取消，又向誰去訴説！

現在面臨經濟不振、工資不漲，勞工退休年金不足維持起馬生活，勞退基金也將告罄，所有退休軍公教警無不寄以同情，同樣也是望天興嘆，徒呼奈何！

這些不足、不敷、不漲、不給還加扣減，都是經濟問題所由，都是執政者治國無能所致。如果經濟繁榮，人民所得豐裕，分配合理，哪有這些問題產生？又何需冒違憲之險，行鬥爭之惡，把社會鬧得雞犬不寧！

用盡心機，鼓起如此風潮，而軍公教警退休基金，若干年後又臨破產。勞工退休所得微薄，退休基金不敷問題依舊存在，這算哪門子的改革？

三民主義就是社會主義，不妨進一步充實內容，製訂可行的社會主義法制，或則研究適合的福利政策，將可徹底解決所得分配問題，退休問題，只可悲退役上校，枉作冤魂！執政的民進黨，自許民主進步，卻不作進步之想，不努力於經濟發展，只專注於特定族群的鬥爭，我們暫不追問居心爲何？只就「扣減」而言，便是反進步的作爲，豈非退步之黨！不顧退步的政黨何惡不敢爲？

一〇七、十、十六

八、衝鋒號角響起

民國四十幾年，我廿多歲，在陸軍步兵單位當一名步兵排長。部隊駐紮金門，一日奉命突擊福建沿海一處小島，有幸參加了戰鬥行列。我營擔任登陸掩護部隊，首先登岸，踏上陸地，立即占領岸邊高地，大軍隨後順利登陸，快速攻擊，次日中午，已達突擊目的，乃轉進登艦回航。

此刻敵後援軍已到，緊追我撤離大軍，我營復受命掩護大軍撤離，阻止敵軍追擊，於是布陣迎戰追兵。大軍雖然安全轉進，不過我營處於敵我接戰狀態，戰況激烈，最後如何脫離戰場？成爲問題。

營長深知，攻擊才有安全，於是營以兩個步兵連對當前追兵占領的高地行正面攻擊，第一線四個步兵排，我排其中之一。依兵力足以奪取當面高地，怎奈敵火猛烈，阻礙攻擊前進，我軍利用地形邊戰邊進，逐步接近，敵無防禦工事，不得不退守稜線之後，形成兩軍憑稜線對峙。刺刀早已裝上槍桿，雙方都不敢抬頭。敵兵不時爬上稜線用衝鋒槍對我盲目掃射，又急速隱沒，我身旁傳令兵黃阿賞，不幸中彈陣亡，爲國犧牲，至今傷痛不已。

兩軍短兵相接，只有稜線之隔，手榴彈投來投去，我們則滾來滾去，左落右滾，右落左滾，還要俟機投彈還擊，我的四枚手榴彈投去三枚，保留一枚，待敵接近同歸於盡。我們除投彈躲彈還要防敵掃射的槍彈，更要注意敵可能越過稜線向我出擊。當此時刻，九死一生，沒有人顧慮生死問題，只有一腔熱血，一心報國。

戰況膠著，攻擊不容頓挫，我軍的安全在此一舉，營長毅然決定衝鋒，急昂的衝鋒號角果然響起，那聲音使敵戰慄。號音就是命令，是要我們冒死與敵搏鬥的命令，是要我們不惜爲國犧牲的命令。不容遲疑，我帶頭大喊衝啊！一時殺聲震天，戰士們個個奮勇向前，不料敵衝鋒槍又來掃射，眾士兵急忙臥倒，幾名中彈，衝鋒頓挫。而衝鋒號角仍在急急摧促，但人人喊殺，行動觀望，營長見情，不能硬向敵人槍口衝鋒，於是立即派遣少數步兵迂迴山後，攻敵側背，敵終於倉促潰逃。我們衝上稜線，只見敵兵遠逸，這時阻止敵追兵任務完全奏效。大軍全都撤至海灘，直到傍晚，我營相機撤回，在艦砲掩護下，登艦回航。

我連四位排長，張福禎陣亡，姚學平、呂德重傷，剩我一人回營，士兵傷亡十餘，令人痛惜。不過死於戰場，忠魂長存，永昭史冊。苟全性命，一無貢獻，只有空自嘆息。衝鋒號音，彷彿仍在空中迴蕩，我對那些昔日戰友，爲國捐軀，無限追念，仰望長天，向空禮敬。

一〇七、十一、十八

九、我變窮了

我原有一份不差的薪水，扶養父母妻兒子女還有結餘，分期付款買房子，買車子從未有過困難，然而這些年來，我的支出要精打細算，購買減弱，不知不覺變窮了。我的工作沒有變，我的生活沒有變，薪水增加不多，但沒有減少，不知道爲什麼越來越窮？

祖父時代，因爲環境變化很慢，有一份不錯的待遇，可安定生活一輩子。如果省吃儉用，尚可結餘，退休無憂，不過這樣的時代已經遠離。

今天薪水雖然尚可維持生活，但物價年年上漲，調薪速度遠遠落後，家庭支出不得不精打細算，加上年齡增長，父母進入老化時期，就醫就養要增加支出，子女教育要增加支出，從寬裕自然走向捉襟見肘的窘態。

時代的腳步愈走愈快，科技發展一日千里，當年老祖父的腳踏車騎到生鏽還在騎，今天機車也好汽車也好，一生更換好幾台，其他日常用品、電子器具、電腦手機等等，每年都在變新，一變就要購買，不買就會落伍新品或影響工作。需要購買的項目年年增加，去舊換新的間隙愈來愈短，新品的價格愈新愈貴，生活品質日益提升，要求也愈多，還要追新穎趕流行，薪水有一定，購買無限制，必然入不敷出。時代進步如飛，薪水階級怎不走向貧窮之路！

所有的人都在說，人民窮苦必須發展經濟，促進投資，增加就業機會。然而國民平均所得提升，薪資仍然不漲。政府官員說企業必須加薪，企業主說薪資是市場決定，窮人說低薪總比無薪好，於是薪資長久漲不上去。以往經濟發展的構想、政策，措施全都失靈，止不住貧窮趨勢。

西方資本主義講求擴張壟斷，小國的企業在隙縫中求生存，我們惟一生路要靠創新突出。台積電有創新能力，但終究是代工，受制於人，不過企業以賺錢爲目的，我們的官員不能以賺錢爲滿足，更須要求創新自主，獨占鼇頭，自定價格，然後才能增加利潤，調高薪資。我們的官員需要有超越的思維，前瞻的政策，擺脫傳統，庶幾可以緩和「貧窮趨勢」。再不要高喊「知識經濟」或「產業升級」，不升級固不可升級也無用。在無力做到擴大規模，形成壟斷下，只有發展「鼇頭經濟」，以精取勝。

一〇七、十一、三十

十、解除矛盾

中華民國就是「一中」政府，蔡英文擔任中華民國總統卻不承認「一中原則」，豈不矛盾。

中共不承認中華民國存在，把退守台灣的政府視爲「亡國殘餘」，台灣地區便沒有了「一中」政府，於是設計「九二共識」，以取代中華民國的「一中」。我們不反對「九二共識」，不過那是中共用以對付台獨和「亡國殘餘」的工具。藍營不識蹊蹺，不去正視中華民國存在價值，卻跟著中共大喊「九二共識」，難道甘願做「亡國殘餘」？又是一件奇怪而矛盾的事。

紅藍綠要統要獨要民主自由，鬧的不可開交，不戰不和，矛盾百出。這些矛盾何時可了沒人知道。可是中華民國建國在先，國土及於大陸，有權解決這些問題。中共集權專制，不管文統武統皆沒有理由去統一自由民主的中華民國。台獨更沒有發言資格，只有健康強壯的中華民國，帶領台灣人民，以民主自由與對岸共商統一大事，無人抵擋，責無旁貸。中國國民黨締造中華民國，繼承中山先生遺志，歷史悠久，目標光明，爲世界華人所認同。實現民主自由制度，有足夠力量勝過中共的集權專制，全世界愛好民主自由人士都會支持我們的理想，中華民國力大無窮。

今天藍營要務，在讓人人知道中華民國地位價值爲何？潛在能量爲何？責任使命爲何？

國民黨的宣導，不止針對島內，還要擴及海內海外，華人外人全面宣導。記取大陸宣傳不力而全面失敗教訓，立即成立宣導大軍，深入社會，喚醒大眾。

把握正確理念，「鼓動風潮，造成時勢」。用論述宣導，就可消除台獨妄想，不能平復島内之爭還談什麼統一大業！

兩岸的往來，不要只看交往熱絡，要看熱絡之後。統一的方式步驟内容結果，在在都要用心。不要只重選票，要把目標放在統一中國，有中國自有台灣，失中國選票何用？不想統一，終被統一，人人都要認清情勢。

積極論述，強力宣導，用誠懇之心召喚綠營共同努力，群眾有了一致認識，必然產生強大力量，屆時風起雲湧，四面八方支持者都自動集中在我們旗幟之下，還有什麼矛盾不能解除？什麼目標不能達成？就看我們有沒有足夠的膽識？有沒有偉大抱負？和強力宣導？

一〇七、十二、三十

十一、習近平談話的反應

習近平重提「九二共識」「一國兩制」沒有新意，只是「不能一代傳一代」有些壓力。藍營至今對「九二共識」的認識還在紛擾中，對「一國兩制」則一致拒絕，老兵忍不住有話要說。

「九二共識」只有「一中」，沒有其他。由於兩岸敵對，先認「一中」，才有「存異」，再有「各自表述」，從此兩「異」不再針鋒相對，進入和平交往，其中「存異」是關鍵，當然和平爲了統一，蔡英文不願統一，故沒有和平。藍營名嘴堅稱沒有「一中各表」難認「九二共識」，但「九二共識」中沒有「一中各表」，只有「各自表述」，「各自表述」可以「存異」進入和平，「一中各表」是兩「異」正面相碰，走向戰爭，竟然很多人都在講「一中各表」，難以理解。

兩岸短期不可能成爲一制，兩制不是我們希望目標，還須進一步努力，走向一制，需要時間。不妨先從談判開始，一味距絕，終無解決問題機會。我們要求：

一、兩岸和平統一，用「中華民國」國號，恢復中華民國聯合國席次。

二、兩岸同時進行組織改造，在中華民國下，重組政府，共同重訂新的憲法，然後建立新的現代化國家。沒有誰統誰，誰被統之分。

三、兩岸政制不同，必須互相學習，互相採用對方優良制度，逐步驅向同一制度。大陸改革開放，我們的三民主義原是社會主義，互相修正漸爲一制，並不爲難。

四、允許各政黨在兩岸地區自由發展組織及正當活動。

五、大陸自基層開始，逐漸建立民主選舉制度，達到中央政府領導人以民主方式產生，放棄共產黨一黨專政，以進「天下爲公」境界。

六、其他。

以上除部分需要時間，中共應可接受，他們也曾允諾，爲了統一「什麼問題都可談」，我們應盡速成立談判小組，擬訂談判內容及策略，謀求統一。中共與世界各國建交，無一不先承認「一中」，我們不要懷疑中共統一的決心，更不要等待被統。維持台灣自由民主生活方式，擴大了台灣人民生活空間，統一有益無害。這是我們包括全球華人及世界愛好自由民主人士的期待，期待我們進入大陸去改變中共集權專制的機會。我們要有積極思維，然後才有生機，這個時代，消極只有滅亡，讓我們「反攻大陸」吧！

一〇八、一一、八

十二、老兵開腔

由於兩岸長久敵對，都不願繼續戰爭，才有九二「一中」共識，主在結束分裂，還原「一中」。但兩岸各有「一中」不同國號政府，爲避免正面衝突，所以需要存異，爲了存異方有「各自表述」，各表内容互不承認，互不否定，特別注意「各自」意義。自此有了暫時的和平，兩岸得以互相交往，共商未來。「九二共識」只有「一中」，沒有「一中各表」，那是新聞報導對「九二共識」的簡稱，有心人可作「兩中」之解，與共識相背。

藍營有人堅持「一中各表」，若此便成兩個中國，則原有「一中」的「九二共識」已沒有存在空間，同時也沒有「一中」統一的最後目標。「一中各表」背棄了中華民國憲法，也背棄了藍營長久「一中」的一貫初衷。更背棄了台灣人民未來利益。

中國國民黨奮鬥目標永遠光明正大，爲了全國同胞，尤其爲了台灣人民著想，謀求中國合理的統一有益無害，不過我們要努力於談判。例如開放政黨在兩岸發展組織及正當活動，兩岸共同製訂新的憲法，組織新的政府，逐漸完成全面的民主自由制度，放棄共黨一黨專政，回歸天下爲公等等。台灣地區各政黨先凝聚共識，共組談判代表團，依序進行統一中國的談判，談判結果須經台灣人民的同意始可實施。

須知中共統一台灣的決心堅定不變，台灣獨立，「一中各表」等主張終被消滅。中共曾允諾爲了統一「什麼問題都可談」，我們應乘此時機，走上談判道路，不管路遙和崎嶇，這條路總要走過，莫待力疲被統一。「九二共識」下「存異求同」「各自表述」，暫時和平，才可談判和平統一，沒有「九二共識」，則恢復昔日軍事對抗，台海將無寧日。

一〇八、一、十三

十三、民主政治罪人

文化部鄭部長推動「去蔣」政策，有位鄭姓女歌星憤而摑了部長一記耳光，社會譴責暴力是一致意見，而「去蔣」卻不是一致要求。女歌星對暴力事件向部長道歉，但反對「去蔣」永不改變。

民主政治就是和諧政治，也是妥協政治，服從多數，也要尊重少數，互相忍讓，取得和諧，何況「去蔣」也不是多數認同，如果不顧反對，強勢推行自己的政策，那不就是權力的傲慢！或說是多數暴力？有違民主精神。

一記耳光引來多少咒罵，但也有不少人在那裡暗地鼓掌，文化部長掀起了咒罵與鼓掌兩者的對立惡化，這比一記耳光的暴力對社會影響更爲嚴重。我們譴責打耳光的暴力，同時也譴責政治的「暴力」。

先總統蔣中正與國父孫中山先生同時代的革命偉人，共同戮力締造民國。其後蔣公領導北伐抗日，光復台灣。國共内戰撤退來台，當時台灣風雨飄搖，面臨「血洗台灣」的威脅，朝不保夕，幸賴蔣公卓越領導，確保了台灣安全。然後加強建設，推動民主，延長國民義務教育，促進經濟起飛，成爲亞洲四小龍之首，台灣人民應該感念不已，何至今日的文化部長，欲鬥爭蔣公，推動所謂「去蔣」政策？罔顧史實，違背情理。我中華沒有這種無情絕義的文化，我們不只反對到底，更要滅絕這種惡質文化的滋生。

威權統治，是風雨時代的產物，或許是確保台灣安全的必要手段，同時已成歷史，應讓歷史去評斷。今者何德何能，片面用意識型態去武斷一位歷史偉人功過，太過偏激，手段卑劣。鬥爭蔣公，無非想切斷大陸與台灣的臍帶，而切斷之後，台灣就能獨立嗎？可憐短視無知的一群！

中華民國並未滅亡，我們不接受「轉型正義」之說，若有缺失，盡可循民主方式進行改善。何至乘國民黨虛弱之際，當著國民黨的面，將國民黨的老祖宗拖出鞭屍，你們的囂張過分，你們的殘暴與共黨的「文化大革命」何異？！

無知的鄭女士，你不適擔任文化部長之職，你把中華文化帶向鬥爭之路。無端掀起社會對立，輕率的破壞政黨和諧，更是民主政治罪人！

一〇八、一、三一

十四、老黨員之憂

美國圍堵中共，蓋不在中共的經濟軍事發展，實因中共集權專制，是一個不民主不安定的政權，不受世人信賴。美國可從多方制約，但無法改變中共的集權專制，這就是兩強衝突的起火點，最後難免一戰。若能設法避免一場災難，豈不世人之幸。

中華民國國土及於大陸，實施民主法治積有基礎，是世界惟一有權有能力要求改變中共政制的國家。中華民國政黨中，有責任也可發揮強大力量者只有中國國民黨。是締造民國的元老政黨，繼承國父孫中山先生遺志，有崇高目標，偉大理想，有全球華人包括大陸同胞的擁護，更有全世界愛好民主自由人士的支持，可以發揮無窮力量。因此國民黨承擔改變中共政權體質的重責大任，無可旁貸。

三民主義就是社會主義，兩岸政制互相參考，取捨修正，逐漸形成兩岸一制並不困難。一步一步推行民主，直到中央選舉，放棄一黨專政，天下爲公。相信這樣兩岸和平合作漸進改革，終將「和平統一」，爲中共長久要求的兩岸一國達成目的，當爲中共所接受。尚有異議或改革還有未能到位，可繼續努力，在沒有完全共識前，不作進一步統一行動，兩岸維持現狀。

美國目前對台灣的支持，是抗拒集權專制對自由民主的侵犯，不是支持台灣獨立，因爲美國了解中國統一是中共的核心價值。如果國民黨能重振精神，抱持偉大理想，與中共合作互助，和平轉變大陸爲民主政體，則美國必然支持國民黨的努力，台獨主張自然消失。

只要國民黨把偉大理想，擴大宣導，鼓動風潮，則風起雲湧，四海歸心，大陸同胞爲了民主自由，必然齊起響應，中共的政治改革很快就有成就，兩岸統一指日可待。

可惜今天的國民黨人，忘記了早年的理想，喪失了奮鬥意志，缺乏偉大目標，走入短視的選舉現實，曰：「沒有政權，一切皆空。」其實是「一切皆空才沒有政權。」。

只知兩岸交流，不知交流之後如何？高喊「九二共識」，不知國民黨的使命任務爲何？中華民國何去何從？

韓國瑜問蔡英文要把人民帶向何方？人民要問國民黨若執政，要教人民如何走向「一中」？難道兩岸熱絡一陣，就這樣被統一嗎？前景空空，何來政權？能無憂乎！

一〇八、二、十九

十五、「和平協議」

最近國民黨吳敦義主席，提議要與對岸簽訂「和平協議」，實際上我們正處於暫時和平中，何需再議和平。

「九二共識」意義在結束兩岸長久分裂對抗，還原「一中」。由於兩岸各有不同「一中」國名，爲了和平，暫時存異。可以「各自表述」，但「各表」內容互不承認，互不否定。承認就是兩國，否定就是戰爭，特別注意「各自」意義。基本上這就是和平的「協議」，從此兩岸和平交流數十年，直至今日。

至於中共仍把中華民國視爲「亡國殘餘」，同樣我們也把中共視爲「共匪流寇」。由於雙方都抱持「一中原則」，不管正名別名罵名，這些都在存異中。想要互稱中華民國及中華人民共和國，「一中各表」絕無可能。

兩岸問題癥結，還在中共的集權專制，缺少民主。台獨不願統一，美國加強圍堵，藍營也不想立即統一，全因集權專制不民主。我們必須認清情勢，積極主動解決問題。否則將落得被迫統一的下場。

一、我們要認清，中華民國國土及於大陸，有權有責任也有能力提出要求，以我們的民主法治經驗，去協助中共轉變爲民主自由政府。同時三民主義就是社會主義，可與「中國式的社會主義」共同切磋，去蕪存菁，創造兩岸相同一制的社會主義。要求中共放棄一黨專政，逐步改進民主，還政於民，天下爲公，然後可談統一。習近平日前要我們回應統一要求，就是向我們的喊話，我們胡不回應？

二、爲民主自由而奮鬥，將受到世界及美國的支持，以及全球華人大陸同胞的響應，改革必有成效。

三、用和平善意及漸進方式，從基層做起，去協助中共建立民主制度，鑄造清廉政治基礎，中共必定樂於接受。

四、中共前總理溫家寶痛恨貪污，曾說「必須政治改革」，意即民主監督，可見民主改革是其需要，時勢所趨。

五、台灣兩千三百萬同胞，都必須認清，惟有積極去改變大陸才是台灣惟一生路，短視苟安必將帶來厄運。

六、中國國民黨是締造中華民國的元始政黨，有責任領導奮鬥，追求全中國的民主自由，責無旁貸。

解決兩岸問題的鎖鑰，掌握在國民黨手中，只要拿出宏觀遠見，具備膽識能耐，必能達成兩岸統一，民主自由，幸福生活就能實現，不需和平協議，就有永久和平。

一〇八、二、二二

十六、黨產不容歸零

中國國民黨是締造中華民國的元始政黨，沒有國民黨就沒有中華民國。今天中華民國四面楚歌，台獨、中共同時在壓制中華民國及早滅亡，內外交逼。欲滅國，先滅黨，要我們交出黨產，就是鬥爭步驟之一。黨和國危在旦夕，然而交出黨產就可活命麼？太過天眞！

民主政治重視公正公平，和平競爭，今天與一個磨刀霍霍，擺明要取我性命的人談民主，豈是公正？怎可和平？因爲立足點既不公平，目的方向完全相反，無從競爭，只是惡鬥。

民進黨執政，把中華民國限制於台灣，而稱「中華民國台灣」，把中華民國主權縮小爲「台灣主權」。兩岸尚未結束內戰，而民進黨宣稱，台灣已脫離大陸。高雄市陳菊市長一聲令下，把國民黨蔣故總裁銅像打成碎片。蔡政府推動所謂「轉型正義」，進行「去蔣運動」，視中華民國已經亡國。我們面臨如此囂張，一步一步消滅我中華民國的黨，要求國民黨交出黨產，萬不可能。

中國國民黨的黨產，可以不用作民主競選，但是不能不用來掃除企圖消滅中華民國的賊黨。對岸的中共，雖然沒有分割我們的國土，但要推翻我們的政府。兩者之間是民主自由與集權專制之爭。我們保留黨產，是作爲爭取民主自由的奮鬥基金。統一路遙而艱辛，中國國民黨必定要爲台灣同胞及眾多大陸同胞共同爭取民主自由而努力。使命在肩，任重道遠，稍有責任之心，豈能輕言放棄黨產。

我們不能用武力反攻大陸，但可用民主自由力量去和平改變大陸。中華民國國土及於大陸，我們有權要求中共政治改革，非達一定程度，不進行統一，相信國際及全球華人都將支持。在要求中共之前，台灣本身就必須做好民主制度，我們的黨產有保留的必要，但不得支援選舉，國民黨的公職選舉經費必須另行招募，得民心者資源優厚。黨產的使用可作研究及協助改善兩岸政制，使成一制便於統一。協助大陸建立民主選舉制度，從基層逐漸高層。用於爲「統一」的論述說明等海內外宣傳。用於大陸地區及海外發展組織基金。以及黨職及工作人員生活與退休基金。

今天我們正處於生死交關的非常時期，政黨的方向錯誤或任務不能達成便將敗亡。

不管統黨獨黨連同中華民國無一幸免，惡劣環境下，保留黨產情勢所迫，我們可以改善黨產的運用，但不可輕言放棄。

一〇八、三、十

十七、「反攻大陸」時機來臨

「一年準備」「二年反攻」「三年掃蕩」「五年成功」，上一代忘了，中一代沒有再提，青年們不知什麼叫「反攻大陸」。簡單講大陸原屬中華民國所有，現爲中共所據，我們要收回失土，聽來似夢，實際上收復失土時機已經來臨。過去反攻大陸方略是「三分軍事，七分政治」，如今依舊不變，只是原以軍事爲先，今以政治作先鋒，用和平善意向大陸提出民主改革要求，軍事保持自衛能力備而不用。「一年準備」計畫、溝通。「二年反攻」，中華民國派出「民主大軍」進入大陸，從基層開始，就指定實驗區，協助試辦地方選舉。「三年掃蕩」，自下至上逐漸推廣。「五年成功」，檢討改進。原意第五年完成，而政治改革較慢，先後需十一年全面完成，不完成不談統一問題。

爲什麼「反攻大陸」時機來臨，先從大陸說起：

一、中共高壓統治日益嚴厲，面臨危機，政權不會長久。

二、溫家寶曾有希望政治改革的談話，可見時勢所趨。

三、最近大陸留台學生熱愛民主，滯台不歸，一葉知秋。

四、中共反貪，民主制度可由人民監督。

五、大陸人民渴望民主自由，歡迎改革，必有成效。

就我方言；

一、統獨之爭毫無結果，「一國兩制」都不接受，民主進軍大陸，台獨主張可望降溫，緩和島內緊張。

二、我們為民主而努力，預料兩岸人民及國際盟友都會支持。不只支持民主，更要改變中共，有利世界和平。

三、大陸要統一，我們要和平，沒有民主，兩者皆空。

四、我們若無作為，終將被統，國民黨只得向南京總統府報到，如同中共送給連戰宋楚瑜的花瓶，早就給你暗示。

五、中共要求「一國兩制」和平統一，我們豈無回招？何不用和平善意，正式提出民主改革要求？

希望中共放棄一黨專政，天下為公，進行民主和平統一，不要再存以大吞小的落後心態，處理兩岸問題。

我們要告訴台灣同胞，沒有民主進軍，終難解除對岸的威脅，台海永無和平。也要告訴中共，民主改革是兩岸統一惟一道路。更要告訴國民黨，大陸民主改革，必須由國民發起和推動，不作爲的等待沒有果實，反帶來厄運。

大陸民主自由覆蓋滿地，即我收復失土之義，屆時兩岸人民同享民主自由，政黨輪替執政，成功不必獨占。

一〇八、三、十八

十八、拯救台灣

台灣島內的紊亂，已算很長時間，因而進步遲緩，兩岸問題僵持不下。香港澳門不能與我相比，我們有經濟實力，有軍事實力，更有民主自由的實力，以及國際的支援，而所表現的卻是混亂一團，無法突破困頓局面。如果島內繼續混亂惡鬥，最後不只一切皆空，一切皆衰，而是一體偕亡，台灣正待拯救。

主張台獨人士至今還是少數，不過綠營奮鬥精神可佳，能有今日成效已屬不易。我們仔細觀察，他們的成效原由，建築在①藍營表現不佳；②綠營宣傳奏效；③對大陸民心歷史文化體認不深；④中共的不民主；⑤錯估全盤情勢；⑥夢想盲目追求。

藍營若想贏過綠營，就要針對綠營存在因素予以破解反駁，加強論述，廣施宣導，造成時勢，必勝過綠營。然後努力施政，島內將逐漸平靜。同時藍營必須扶植國家認同一致，理念相近友黨，以取代台獨政黨，建立共同爲中華民國而努力的政黨政治，這就是未來國民黨主席及中華民國總統選擇的要件。

國民黨擁護言論自由，容許台獨主張的存在，但必須公正公平。若用愚民政策，錯誤的認知，獲取人民支持，那是不公不正不道德的行爲。而國民黨聽任錯誤言論散播，本身不加駁正，自認容忍「言論自由」，那是阿Q精神。讓不公不正言論去欺騙民眾，同樣是不道德的事，這不是由社會公評的問題，而是國民黨本身的失職。

我們不是生性好勝，因爲藍營勝綠營，才能與大陸維持和平，統一是後事。綠營勝藍，則兩岸緊張，可能引起戰爭，綠說爭取台灣獨立「合情合理」，大陸說分割國土，決不寬容。台灣這塊土地，對大陸何等重要！我們看不出何時有緩和的可能。

藍營不只希望台灣的暫時和平，我們追求的是台灣人民永久享受太平，安居樂業。我們還要改變大陸，使台灣人民安心統一，恢復兩岸一家。如今大陸雖然崛起，但高壓統治愈益嚴厲，人民嚮往民主自由日甚一日，已種下政權敗亡根源。國民黨不只顧慮台灣安全，還要掌握大陸政治的變化。大陸集權專制久久長長非我願見，而一旦共黨崩毀也是台灣的災難，國民黨責任何其重大。

韓國瑜只憑一瓶礦泉水，一碗魯肉飯，完成「不可能」的任務。國民黨有膽識肯擔當的英雄正多，必能達到拯救台灣的偉大任務。

一〇八、四、八

十九、政治家今在何方？

郭台銘先生說「國防要靠和平」，可能是指兩岸關係，但兩岸的糾結不能解除，暫時和平終難作爲國防憑藉。紅營要統一，綠營要獨立，藍營要統一但不接受一國兩制，三方僵持不下，如此怎樣統一？怎樣獨立？又怎樣維持和平？「九二共識」後，兩岸獲得暫時和平，互相交往熱絡，然而數十年來兩岸紛爭依舊，國防緊張更甚往昔。

紅與藍以統一爲公約數，藍與綠以民主爲公約數，紅綠之間沒有任何公約數，只有藍營「得天獨厚」，各方都有不同公約數，因此藍營不得不肩負起三方整合的重責大任。以統一整合綠營以民主整合紅營，然後三方和平結合。

紅藍綠三者的整合無可迴避，藍營可說責無旁貸，更是爲了生存，也必須負起整合責任，不向整合之路前進，別無生路。整合不能成功，則無論藍營綠營包括中華民國，將相與偕亡，今日正是置之死地而求生的時刻。

多少年來綠營以「台灣民族主義」號召人民，但始終停留在少數支持者範圍，可算「台獨」主張的失敗。而藍營來說也不算成功。由於「台灣民族主義」宣傳下，台灣人民不願被扣上「台奸」的污帽，未能充分發揮「統一」的論述，人民不知「統一」希望為何？不算成功但也不是失敗。不過時至今日，藍營不能不加強宣導，說明「統一」的行動方略，以取得人民信賴。這不是為了一黨之私，而是為了台灣全體人民的幸福未來。情勢明擺在面前，惟有共同整合，開闢一條新的「統一」大道，才是大家的幸福大道，相信論述清楚，必獲多數人民支持。

大陸近年更加嚴厲控制人民，實乃政權末路的前兆，雖然物質建設進步快速，而民主自由則顯然後退，大陸同胞既不敢怒，又不敢言，心中對民主自由嚮往與時俱增。國際間無不肯定民主自由價值，美國大力支持台灣並非支持台獨，正是支持我們的民主自由，在此有利時機，藍營應該強力要求中共政治改革，推行民主制度。

中共的文攻武嚇已經失靈，想統一有阻力，不統一夜長夢多。惟有接受台灣的民主自由，和平協力改革大陸政治，朝向現代化國家努力，將是一條「統一」最佳道路，中共應該歡迎，綠營無以反對，兩岸人民同時享受民主自由的幸福，兩岸一家眞正和平降臨，國防緊張自然消失，然而我們的政治家今在何方？

一〇八、五、三

二十、教育不是培育人才為目的

我們的教育以考分取才，高分可升學，落榜則棄之社會。國小國中高分有縣長獎市長獎，不及格則打入「放牛班」。教育以培育人才爲目的，非才之材教育也無能爲力。

不過今日社會競爭激烈，爲了個人生存，國家的競爭力，教育應該不分智愚考分多少，人人皆有適當教育。中華文化「因材施教」「有教無類」，「材」就是分類，「有教無類」就是包羅，而考分只有區分高低，不能鑑別「材」的類別，也不能包羅，依分教育並不合理。我們應該設計一套特有的不依考分爲唯一依據，而依其「材」的分類升學，分類而教的制度，讓人人皆有受教育機會。

基礎教育開始，似可依個人智商、性向、興趣、志願及考試成績等，連同平時言行紀錄，用科學方法綜合分析，確認學童之「材」爲何，即學習方向，尊重個別差異，然後「因材施教」「有教無類」。基礎教育畢業，沒有考分名次，只有適合其「材」的學習方向，人人第一名，個個對未來充滿希望。再分別免試送入初級職業學校或需較長學習之研究學校學習，人人升學，向行行出狀元努力。

初級職業學校是最基礎的生存人權教育，必須加強功能，成爲地區人才供應中心，調查並掌握社會專長需求，務使學，材，用三者配合恰當，畢業立即就業。人人能謀生，人人有工作，人生起跑點一致，皆從基層工作做起。

時代進步決速，初級職業教育後，一律改爲終身學制，隨時保有最新教材，不問老少職級，打破傳統學歷秩序，人人依工作需要，適合其「材」，即可入學修習，入學從簡，學期精短，需要較長時間學習磨練者，酌情延長，學習與工作交互並進，學績以學分累計，工作到老，學習到老，這是終身學習的具體實現。「材」的鑑判連續進行，若有修正改變或原有加強，各憑發展和努力。

培育人才只是教育本能，不是目的。教育要放眼社會，直接向社會負起責任，創造國家社會整體進步才是目的。把社會所有工作場所視爲教育的實習場，讓人才從工作中產生，不必出自學校，學經歷具佳，才是優秀人才。

這項教育改革，合乎中華文化要求，也合乎時代潮流。尊重學童個別差異，就是尊重基本人權。「因材施教」「有教無類」就是科學和民主。終身學制，是緊隨時代進步，老少隨時皆可便捷學習新知，豈止維護學習人權！至於初職謀生教育，引導就業，是對生存人權的尊重和平等對待。如今這些人權遭到忽視，豈非教育以培育人才爲目的，教育責任不及於社會所致？能不檢討改進！

一〇八、七、一

二十一、韓國瑜的勝利

韓國瑜打贏選戰，登上了高雄市長寶座，藍營欣慰。支持者不限藍營，連綠營人士也成爲粉絲，更越過高雄市界，全台各地都有眾多粉絲，海外僑胞幾乎瘋狂。綠營前行政院長賴清德說「百年難得一見的政治奇才」。

不管那一個政黨，對這次高雄選舉，都應有深刻檢討。客觀而言，韓國瑜幾乎達成藍營不可能的任務，沒有財力，沒有地方人脈，又是綠營長期執政地區，沒人會預料將可成功，竟然大贏十六萬多選票，難以想像。綠營應該檢討失敗原因，而藍營更應該深加檢討，一次不看好的選舉能夠翻盤獲勝，給藍營的啓示是什麼？原因是什麼？選前爲什麼有不看好的錯估？

我沒有看到藍營的檢討報告，韓參選之初無人看好確是事實，只有綠營王世堅倒說「韓的爆發力不可小覷」。藍營保守觀望者，是沒有勇氣？

缺乏信心？喪失鬥志？事實證明，只要有奮鬥決心，就可成功。

勝利因素不止一端，綠色執政不盡理想是其中之一，但選舉絕不能靠對方的缺失，而韓國瑜個人特質及選戰策略乃是這次獲勝大部分因素。

第一、思想開朗，海闊天空，敢想敢說，突破傳統思維。

第二、感性言語，有浸透力，如「莫忘世上苦人多，能打動人心。

第三、關懷庶人，社會必竟庶人最多。

第四、「死在台灣」「葬在台灣」「粉身碎骨」「坐牢坐到死不求假釋」等語，這樣的決心宣示無不感人。

第五、在深綠叢中高喊「九二共識」「台獨比梅毒更可怕」是藍營第一人，由於強力攻擊，綠營支持者產生鬆動。

第六、他爲人民過好日子而打拼，讓人民從台獨中覺醒。

藍營應該深入檢討，告訴黨員勝利從那裡來？傳統保守應怎樣改革？韓的特質不是偶然產生，也無從模仿，我們要效法的是他的忠貞，他的勇敢和奮鬥不懈精神，從不悲觀。這些要素放諸四海而皆準，無不能達到成功目的。憑這些要素，然後發揮每個個人特色，將產生無數不同的「韓國瑜」。高雄市選舉，給我們的啓示，是藍營各級領導幹部，都要具備忠貞勇敢奮鬥不懈精神，所推舉的候選人必然同樣具備這些要素，自然百選百勝。

一〇八、八、七

二十二、百分之九十

郭台銘幾年前就曾說過，他退休後財產百分之九十將捐獻給社會。他是全台首富，百分之九十數目應該可觀！全台富人還有很多，想捐獻者不在少數。有些捐建遊樂園，有些建博物館，有的則建私人紀念館，也有捐獻慈善機構，更有些死後留給子孫爭吵不休，形形色色，無一定主題，日久這些議論也就淡化消失了。

郭台銘選總統時說，未來全國六歲以下兒童由國家育養，其他總統候選人則重視養老和長照等，蓋這些都是國家正迫切需要的政策。由於支援兒童養育經費龐大，郭說不足數自己墊付。這或許就是郭先生財產捐獻社會的構想之一。

若全國老幼弱群，國家皆有良好照顧，那麼青壯努力打拼，無後顧之憂，豈不可增進國家競爭力！可惜郭台銘未得當總統，照顧老幼弱群的良好政策也隨之淡化了。

郭台銘接近藍營，國民黨就該從長研究設計，訂定郭先生以及全國富人捐獻辦法，以育幼、養老、扶弱爲主要目的，不以濟貧爲重點，由政府專設管理單位，統一事權，統籌分配捐款。除外應興建龐大「榮耀堂」，所有捐獻富人，不分黨派，都有單獨展示事業功績館，動態靜態事物陳設，紀念蠟像等，允許家屬適當充實，把一生榮耀供獻給國家社會永遠保存，長留後世，讓社會所有人都來敬仰效法。

「榮耀堂」可提升富人社會地位，未來社會必將產生更多偉大富人，創造財富造福社會。我們不必抽取「富人稅」，用人性的呼喚，建立富人捐獻救國傳統，自然地就可平衡貧富差距，走向社會和諧。

台灣社會樂於捐獻的人很多，只看宗教的募款可見其龐大。今天育幼、養老、扶弱辦法是把龐大捐獻，引導集中，由國家統一管理，統籌運用，全國普及不致偏頗，把捐款用在刀口上，產生多重受益效應，相信將有更多富人響應。

我們必須打破「爲善不欲人知」的舊習，擴大表揚捐獻，讓好人出頭，進而影響所及，引起更多捐獻，使社會受益更多更大，豈不是功德一椿。

我們不僅是要創建新的制度，更要創造新的文化，把社會捐獻熱情，全都引導至強國富民的政策中，充分發揚中華文化仁愛精神，用我們的文化光輝去照耀世界。

一〇八、八、八

二十三、困惑與憂慮

國民黨前主席洪秀柱女士，日前接受電視專訪，再提「一中同表」問題，立即遭到國民黨幾位民意代表不認同的聲明，他們只認同「一中各表」。「九二共識」認知分歧已經很久，爲什麼這麼重要的兩岸關係認知問題，至今全黨沒有統一説詞？對「九二共識」的解釋，沒有一位黨籍幹部説得清楚講得明白。台北市議員吳鴻薇説，各有一把號，各吹各的調，令人困惑！請問；

一、「一中同表」錯在何處？爲何不認同？

二、「一中各表」根據何來？爲何要堅持？

「九二共識」，兩岸皆認同「一中原則」，雙方達成共識，這就是「一中同表」。「共識」中從頭到尾沒有「一中各表」字眼，那麼堅持「一中各表」根據何來？

「九二共識」主題只有一個就是「一中原則」，亦即「一中同表」，而共識中的「各自表述」是針對兩岸各有一個不同的一中政府，爲了存異，雙方同意暫時採取模糊措施，可以「各自表述」，存異方可和平。但「各自表述」必須帶有約束；（1）要各自的表述，不能用作正面交逢。（2）互不承認「各自表述」內容，承認就是兩個中國，牴觸「一中原則」。（3）互不否定「各自表述」內容，否定就是戰爭，如此保持模糊，存異以利和平。這三項約束無須文字而自然約束，目前雙方正在履行中。「各自表述」不是共識主題，而是附屬處理相異問題的諒解，自不能推翻主題取而代之。故「九二共識」主要精神依舊是「一中同表」，不是「各自表述」，更不是「一中各表」。

「九二共識」允許「各自表述」就是默認「中華民國」的存在，我們自立自強，屹立不搖，維護尊嚴全靠自己的努力，非仰於人。「各自表述」保持兩岸平等地位，而「一中各表」比較之下相形弱小，若用「台灣」之名更低矮一級。同時「九二共識」帶來和平，帶來交往，繁榮經濟，我們無理拒絕。雖然中共企圖在「九二共識」下進行「一國兩制」的統一，我們就該大力推動「自由民主」統一中國予以抗衡。「自由民主」普世價值，人人支持，必然勝過大陸，若不求勝利我們將永遠處在「一國兩制」的恐懼中，終被統一。不管是獨立或「一中各表」，這「不沉的航艦」永遠無法駛離大陸邊緣，無處可逃，令人憂慮！

我們惟一生路在「九二共識」下，「各自表述」，抱持自由民主勇敢前進大陸，將是一條寬廣而熱烈大道，不只是兩岸人民齊來響應，全世界愛好自由民主人士，都將奔騰而至！我們無所選擇，只有勇往直前！

一〇八、八、二十

二十四、吳伯公可解香港之困

香港「反送中」抗議遊行，持續三月之久，尚不知何日可止。抗議群眾超過二百萬人走上街頭，可算香港人民全民激憤。人民要求撤回「送中」條款，港府回應可凍結，但不撤回，抗議者仍不同意，形成僵局。北京認爲在香港涉及反共產反中共等違反國家法律的言論行爲，應該送北京審判，這是國家的權力。抗議者認爲這是港人的言論自由，任何人都可批評，不是犯罪行爲。基本而言，這是個共產集權主義的法律認知與自由世界法律認知的不同，雙方各說各話，都振振有理。

抗議遊行無日無之，都不願對話只有堅持。筆者一個月前曾建議國民黨中央派員調解，可能因港人遊行領導者很多港獨人士，有所顧忌。不過港民是我同胞，我們應有處理態度，絕不可坐而觀望。我們應力勸遊行領導者放棄港獨觀念，來換取言論自由。我們也要建議中共放寬自由尺度，既要一國兩制，就讓香港去實施言論自由之制。香港原就是極度自由地區，英人統治百年，雖無民主，卻有自由，相安無事。香港彈丸之地，何嘗想要獨立，只因控制嚴格才有反抗。「虎克定律」「壓力愈大，彈力愈大」，放寬自由，反而無事端，安全平靜。

吳伯公訪陸時曾對胡錦濤說「天下爲公，人民最大」，偉哉斯言，「中華人民共和國」以「人民」爲國名，可見對人民的尊重，今天香港問題爲什麼不把人民放在眼裡。相信北京當局也在思考問題，正在掙札中，否則不會拖延至今。國民黨應該敦請吳伯公香港北京走一趟，把「天下爲公，人民最大」的道理細說分明。港民以往只知自由，不知「人民最大」意義，中共一直迷思於「共產黨最大」，共產黨就是人民的黨，哪有人民大於共黨！可惜吳伯公沒有機會爲他們開釋，新聞界也沒有提起當年的「人民最大」，港民可能聞所未聞，倘若遊行隊伍中，只要出現「人民最大」的標語牌，港府特首將會倒退三步，何需日日抗議！

一〇八、九、三

二十五、快樂老人

民國一〇八年九月五日，在自家門首掛上招牌賣粽子，我已年屆九十，人人都說九十已老，不過這個時代，競爭激烈，不論貧富，人人忙過不停，誰還有時間育幼顧老！今日的老人已沒有享老福的資格，不能工作就進養老院，想欲兒孫繞膝，享受天倫的日子已經不再。苟有一點工作能力，就該服務社會自尋快樂生活，或許就是另類養老方式。

製粽工作並不繁重，自量尚可勝任，忙碌時可請左鄰右舍阿巴桑幫忙、賺錢大家分享。每日輕鬆的勞動，快樂地生活，減少生病機會，為國家節省醫療資源，為自己換來健康，這樣的養老可算一舉數得。

我生來喜歡創新，創新可帶來快樂。現代人進步方法不是一步一步行走，而是跳躍前進，跳躍就是創新，不能創新就會落伍，走上被淘汰之路。創新不限高科技的發明，如果觀念轉變，精神振作，理論發現等，皆是創新原動力。我把一顆傳統粽子，改變成扁平正方形，取名為「屈原方粽」，與眾不同，就是一個市井小民的創新，同樣帶來快樂。至於當初爲何要創造方粽有幾點原由：

第一、傳統粽子四角形，食用儲放，均不方便，改成扁平正方形，粽葉去頭截尾，不用線縛，簡單方便，大方而帶有貴氣，從路邊小吃可升格爲東西正餐食品。

第二、社會一般人已忘了裹粽由來，特取名「屈原方粽」使人們回顧歷史，知道裹粽意義，宏揚固有文化。

第三、屈原昔楚國大夫，遭讒諂懷石自沉汨羅而死，後人懷念其「方正不容」裹粽紀念，而今創製「方粽」使見粽如見方正其人，吃粽不忘先賢，更添紀念意義。

由於這些原由，我用盡腦力研發，卻是挫折不斷，但又能一次一次克服。因爲我要創新，日日抱著希望，只要堅定的抱持希望，就有方法克服困難。每當困難克服後，其喜悅之情難以形容。

如今「屈原方粽」已經上市，不管銷售狀況如何，相信力求「價廉物美」，逐漸將被大眾接受。然而我的希望不只到此爲止，還要不斷改良，拓展銷路，運用機械手臂包裹，降低生產成本，造福更多社群。創新接踵不斷，「希望」源源而來，我永遠活在「希望」中，不知老之既至，但做快樂老人。

一〇八、九、十六

二十六、愛心與和平

國父孫中山先生極力提倡博愛精神，中華文化以仁愛爲中心，兩岸之間爲什麼不能以愛相待？「恨」「反」「抗」「殺」均不能解決問題，惟有「愛」才會和平。辣台妹的辣政帶來兩岸激烈對抗，不過是激發台獨意識手段，達到少數政治人物的政治目的，豈是眞心爲台灣解決問題？

香港人民「反送中」運動已連續五個多月抗議遊行，從未坐下來好好對話，中國國民黨豈能袖手旁觀，而我們的愛心何在？香港是中國人的土地，我們都是中國人，自然熱愛香港。如今香港政府與人民間產生衝突，國民黨義無反顧，就該以調人身分居間協調。我們以中國人愛中國人的情誼，去爲中國人之間的糾結解除困擾。

中國國民黨應即組團訪問香港，多方拜訪，深入了解，尋找癥結，研究解決方案，爲打開中國人的糾結而努力。

國民黨介入香港事務，就是認同「一中原則」，中共應該歡迎。

全世界只有中國國民黨有權介入香港問題，美國人無能爲力。由於我們的介入，也讓世界認識國民黨的地位。

我們介入香港問題是中國人愛中國人的表現，全球華人必然支持，全世界愛好自由民主人士都會尊敬。

我們不是媚共、投靠、認同共產專政的「賣台集團」，我們的主張光明正大，追求兩岸和平，逐漸改變中共，最後達到自由民主的統一。誣衊我們的主張就是叛離中華民國，企圖切割國土。

我們不偏袒任何一方，只求解決問題，不是介入爭端。我們充分發揮同胞愛心，惟一目的期求和平。

一〇八、十一、十五

二十七、安定與進步

工商發達，呷頭路的人增加，由於創業維艱，競爭不易，一般人多選擇呷頭路。不過薪水族群雖然單純，卻也有他們的煩惱。物價不斷上漲，時代快速進步，開支隨風增加，而薪水卻是慢漲少漲或不漲，因此越來越感拮据。薪資較優者感到錢越來越薄，儲蓄越來越少，這些原是普遍的慢性貧窮現象，像風潮一樣越來越緊迫。政府官員說要拼經濟，然而經濟成長了，國民平均所得增加了，貧富差距也擴大了，一般人慢性貧窮現象依舊存在。上一輩有份過得去的薪水，尚可維持到老，中一輩越老越窮，青年輩前途茫茫。慢性貧窮的速度成加速度前進，人們還在懷念祖輩時代情景，卻不知今昔何昔？這不是個人問題，實在是時代進步節奏太快，社會前進步調太慢，引來社會不安。

政治人物不知所以，經濟學家只知發展經濟，社會學家努力濟貧扶弱，財政專家說要改革稅制，政策良好卻都不能對症下藥。郭台銘說六歲以下兒童由國家養育，韓國瑜重視養老，蔡英文重視長照，不知是否眞心還是爲了選票？說實在的，老小安定青壯就可放手打拼，打拼才能進步，這都是良好政策。

古時以家爲單元，先把家中老小照顧妥當才可進求發展，今天時代進步，我們的觀念也該進步，如今不是個人競爭問題，而是國際競爭激烈，講求集體力量的發揮，今天的「國」，就是昔日的「家」，不能與國際競爭，人民只得清苦度日，全國老小都在不安定中生活，青壯怎會有心打拼。養老育幼扶弱，不該僅是競選口號，應逐漸形成國家負責的常態，當全國青壯皆無後顧之憂，剩下只是鼓勵問題，輔導問題，方向問題，所有青壯都在努力打拼，那怕國家競爭力不能提昇。

我們期待這項政策早日實現，青壯自由奮鬥，政府從旁協助，榮辱責任自負，這不是全然的社會主義。國家養育老幼，也不同於資本主義，或可稱爲三民主義的概念吧！

一〇八、十一、二一

二十八、國民黨的主席

中國國民黨二〇二〇年總統選舉失敗，吳敦義主席讓位，新主席正待產生。在此風雨交加時刻，我們對新主席的期待，必須強化國民黨中心思想，有思想才能產生力量。

一、中共專制要武統，台灣惡鬥鬧台獨。中國國民黨不是爲統一而統一，乃是拯救台灣人民痛苦爲主要目的，追求兩岸永久和平，人民長遠幸福。

二、中國國民黨拯救人民的理論方略程序步驟必須向全國含大陸同胞及世人明確宣示，高掛我們的旗幟。

三、我們不必計較選舉得失，只用我們的中心思想，政策主張以贏取人民認同，重在耕耘，使黨意民意充分結合，然後百選百勝。

四、本島之內先要清除國家認同相異的台獨思想，展開論述分析宣導，讓人人都能認識我們的主張，放棄台獨想法，支持我們的政策。黨主席不要以多元社會，言論自由等來搪塞自己的無能，不能平復島内紛爭，何談兩岸問題！

五、中國國民黨具有先天反共基因，反共鬥爭超過一世紀，我們當前的策略，應以和平方式，促使中共政治改革，走向民主自由。中國國民黨反獨反共不反中，幫助大陸人民擺脱共產枷鎖，台灣人民始可安定生活。

六、大陸一日不民主，台灣一日不安寧。台灣一日鬧台獨，大陸一日不放棄武統，互相影響，無法切割。台獨既不能把「不沉的航艦」駛離大陸，中國國民黨就應該面對現實，承擔起拯救台灣人民的責任。清台獨，去專制，行民主，逐漸達成兩岸一統，人民永遠和平，民主幸福萬歲。

七、中國國民黨推翻滿清建立民國，打倒日本光復台灣，今日的台灣只有中國國民黨能撐起中華民國，只有中國國民黨足以代表中華民國與中共並起並坐討論國事，不認同中華民國的政黨沒有資格討論兩岸問題，新的主席必須深知責任重大。

八、推動政黨外交，深入海外華人社會及對大陸同胞友善交流，爭取支持。化「反統戰」的消極被動，改爲積極主動攏絡所有友我力量，共同改變中共。

九、盡力使中共放棄滲透顛覆，以大吃小，一口併吞等陳舊方式對待台灣，必以政治方法解決兩岸問題，我必須提出兩岸問題解決方案，正式要求政治改革。

十、用和平方法逐漸改變中共成爲民主自由政體，不行民主自由，不談統一問題，維持現狀。

盼望未來的黨主席，具有強力的思想領導能力，「鼓動風潮」「造成時勢」，堅守民主規範，發揮革命精神，再造中國國民黨歷史光輝。

一〇九、二、一

二十九、「九二共識」過時了嗎？

有人說「九二共識」實行多年，已經過時了，不過中華民國憲法沒有變動，中國國民黨仍舊堅持「一中原則」，何來過時之說。兩岸一日未統一，「九二共識」永遠不會過時。

兩岸政權長時敵對，都希望暫息干戈，避免國家長久分裂，想用和平方式解決爭端，一統中國，於是產生一九九二年兩岸會談。在長久兩岸對抗中，無可多談，只有「一中原則」一項，沒有其他。經雙方同意，後稱「九二共識」。不過仍舊是兩個敵對政權，只是暫時存異，維持和平，好共商未來。此後兩岸人民交往頻繁，大批台胞前往大陸經商。促成共產黨與國民黨領袖握手會晤等，兩岸關係由「九二共識」而互動熱烈，至今不息。反觀若沒有「共識」，兩岸始終敵對狀態，如何交流？

也有人說「九二共識」是兩岸關係的「定海神針」，但也不要忘記中華民國的存在乃是兩岸關係的重要基礎。沒有中華民國就不會有「九二共識」，自無和平。兩岸政權敵對，原就不相承認，自「九二共識」始，才允許兩岸相異可「各自表述」，這就是互相尊重存在的意思，「各表」內容互不承認，也互不否定，在模糊下避免正面相逢的尷尬，只好暫時存異。近來有人要求中共正視中華民國的存在，如此豈不牴觸了「各自表述」的存異用心？「九二共識」雙方便已經尊重各自的存在，如今又復求正視存在豈非矛盾！中華民國與「九二共識」，早就互倚存在。

「九二共識」是兩岸長遠高懸的目標，「一中」的實現還有漫長道路，中共利用「九二共識」充分交流，企圖逐步達到一國兩制的統一。我們反對一國兩制，但如何實現我們所要的統一迄無提議。曾有「三民主義統一中國」的口號，至今也無人再提。需知機會均等，中共利用「九二共識」實現他們的企圖，我們也可利用「九二共識」的和平推銷我們的自由民主去改變中共，要求中共政治改革。自由民主是普世價值，時代潮流，穩操勝券。可惜我們沒有政黨勇於擔當，沒有遠大抱負，說什麼不認同「九二共識」？講什麼過時？用抗衡的態度只是一時之爽，激起台獨意識的手段，不是顧慮人民安危，眞正負責任的態度。

我們不是投降主義者，我們也不是軟腳蝦，我們要肩負起兩千三百萬人民的福祉安危，我們要爲台灣人民長遠安定，讓兩岸共享民主自由生活，然後才可久久長長。捨棄抗衡，避免戰爭，用和平方法，用「政治作戰」方式來處理兩岸問題。「九二共識」不可反對，不是「過時」，正是我們藉此開拓美好未來的時機，「九二共識」下，還有很長的路。

一〇九、三、十九

三十、防疫與自由

瘟疫來到，大批人民因病死亡，傳染快速，死亡增加也快速，人命關天，政府自然以遏止傳染爲第一要務。其次雖無特效藥物，也要盡可能讓感染者不致死亡。這些都不免損害到人民自由，入院治療自然失去自由，預防傳染也要隔離限制，若封城封市、斷絕交通，損害更大。因此防疫就必須犧牲自由，嚴厲的防疫手段，便嚴重的傷害自由，政付必須拿捏恰當。

這次新冠病毒，中共國家主席習近平親自掌握指揮防疫，美國英國法國德國日本等，都是國家元首或首相親自指揮，惟有中華民國，不是總統，不是行政院長，而是衛福部部長陳時中擔任全國防疫指揮官，其他行政單位各部會等，位階或在衛福部之上，皆爲支援協助單位。防疫指揮部都是全國頂尖衛生專家所組成，他們所做的決定，對人民的自由限制，都合乎防疫原則所必要，無可反對，這也合乎民主時代同時要尊重專業的精神。新冠病毒，來勢洶洶，武漢首先封城，禁止人民自由出入。英美等國不敢輕易封城，新聞報導係採「佛性防疫」方法，也有人説這是「物競天擇適者生存」政策，不久疫情擴大，難以控制，死亡人數急增，連英國首相也進入加護病房。

中華民國防疫指揮中心，專家們雖然限制人民自由，甚至死亡增加，但已盡最大努力，最佳處理，與其他國家比較，我們的防疫成效，常被稱許。這種將部分政治權力，適切轉移給防疫專家，值得國際衛生組織參考。

歐美疫情失控，死亡增加，或因顧慮民主自由，或怕影響經濟成長，未採更嚴密防疫措施，這些都是受到政治因素的左右，我們讚揚民主自由的維護，但也譴責未曾把「人命關天」放在第一位。

中共不顧一切的封城封户，電視畫面對患有肺炎的住户將大門強行封閉，大釘釘死，不准出入，該户家人是死是活未再報導，他們絕對隔離病毒擴散，這種嚴厲防疫手段獲至控制成效，能予讚美嗎？

東西文化各有差異，防疫觀點也有不同，不過共產主義的「惟物防疫文化」，不管東方西方，將不爲人民所接受。

一〇九、四、十五

三十一、談何容易！

人類社會紛紛擾擾，夫妻一輩子難有一致的想法，有時相同有時相異。同胞兄弟如此，親戚朋友如此，社會上人人都有不同的想法。家庭要靠倫理親情來結合，朋友要靠道義情感結合，事業則靠興趣利益結合，任何結合的內部都還有微小相左意見。政黨依理念目標爲號召，偌大團隊內部必然意見紛紛，要求團結必須放棄己見，尊重公議，或委曲求全爲追求共同目標而努力，人類社會就是這樣無止境的紛紛擾擾千萬年不變。任何人面對各種不同紛擾，都必須有謙讓犧牲美德，或充實理由說服他人的智慧，否則必起衝突。

政黨執政，處理國家大事，固然要推動政策政府主張，但必須順應多數民意。人民大眾意見必然紛離，執政者不能用情感道義或興趣利益，甚至權威等來求得結合一致，尤其不能用民粹方式結合群眾，那是社會動亂之源。整合大眾意見，必須通過民主程序，始得風平浪靜，並依民主程序製訂的法律規定而執行，庶幾國家太平。人民天生各有不同意見，所以要自由。自由之下意見必然紛亂，所以要民主。

但執政者必須推動「眞誠」民主國家才會進步，民主若沒有「眞誠」社會將更紛亂。

今天中華民國距離「眞誠」民主路途還很遙遠。民進黨任命自己黨員李進勇擔任中立的中選會主委，在野黨一再反對，民進黨說「法無明文規定」置之不理。

在李主委下經過兩次大選，總統選舉結束有傳言電子做票，這次罷韓投票也有傳言做票，均沒有實證而罷。我們無法證實傳言是眞是假，但人民對中選會不中立的疑慮則是事實。民進黨幾次勝利可算「成功」，而民進黨不避瓜田李下之嫌，堅持進用李進勇，則已喪失美好民主之「眞誠」，恐怕今日的勝利就是他日毀滅自己的根源。

中共不了解人民充分表達自己意見是正常的人性表露，「不自由無寧死」。近些年來大陸建設猛進，世人投以羨慕眼神，其實共產黨員信奉唯物主義，視人民不過是「物」的一種，只顧建設，哪需顧慮人民的自由民意，這樣的崛起，還值得羨慕嗎？不重視人性遲早必然敗亡。

民進黨不知道將遭毀滅，中共也不知道最後走上敗亡之路，國民黨還沒有接替大陸政權統合兩岸建立眞誠的自由民主新中國的準備，想在這一群政治人物中，不管何方，產生一位宏觀遠見的政治家，談何容易！

一〇九、六、二五

三十二、中山先生該顯靈了！

蔡英文面對中山先生遺像宣誓總統就職。高雄民進黨員余陳月英擔任前高雄縣長時，曾在崗山文化中心廣場樹立中山先生銅像，鞠躬行禮似極尊敬。北京天安門也高懸巨幅中山先生遺像，中山先生更是國民黨尊敬的總理，藍綠紅各色政黨都尊敬中山先生，爲什麼三個政黨互相惡鬥，水火不容？

藍綠紅三黨領袖都曾呼籲「存異求同」，這「存異求同」四字便含有和平的意思，有逐漸消除「相異」爭執的意思，更有團結的意義，大家若能共同發揚中山先生思想精神，這不是「求同」第一步麼！

民進黨蔡英文要求中共「存異求同」，但實際上努力「去中國化」「去蔣運動」，朝向「台灣獨立」方向推動，這分明是企求分裂，割據國土，怎算得「求同」「團結」！口是心非，欺騙人民！

中山先生重要思想之一就是「天下爲公」，今天中共一黨專政，人人都要聽從共黨，這與帝制時代家天下何異？人民天生各有不同意見，自由就是人性要求，「不自由無寧死」，有自由就要有民主以整合眾多意見，服從多數，尊重少數。今天大陸既沒有言論自由，又沒有民主機制，全在共黨家天下掌控之下生活，怎符合中山先生思想精神？違背人性，違背「天下爲公」精神。

中山先生是國民黨總理，不論台灣或大陸，眼看高懸的總理遺像遭到如此的諷刺，怎麼無動於衷，沒有人起而駁斥糾正？任由損毀尊嚴！我們每天只看到一些名嘴鬥士爭吵熱鬧，國民黨的思想家？理論家？宣傳家？政治家？今在何方？

我們若把中山先生思想系列論述，國民黨的政策主張整套説明，摧毀邪説歪論，建立以中山先生思想精神爲本的中心思想，尤對社會基層，青年族群，海內外華人廣泛宣導，反復説明，「鼓動風潮」「造成時勢」，統一兩岸，構造自由民主的新中國，那怕不能實現！

國民黨發揚中山先生思想精神，不但責無旁貸，亦眾所急求。發揚中山先生思想精神就是中山先生復活，「聖靈」再現，然後天下太平。

一〇九、七、二

三十三、「面罕微笑」

「面罕微笑」是老師對我國一孫女學期結束的評語，非常敬佩老師的觀察入微。孫女自小學便多項課程不及格被納入「資源班」，終日鬱鬱寡歡。進入國中仍將打入「資源班」，她哭著不願而罷，如今國一第二學期結束，很多課程依舊不及格。孫女在家一向乖順，做事應對不似痴呆笨拙女孩，爲何功課學習產生障礙？一直未能破解。從小學而國中長期處在不快樂的生活中，沒有希望，沒有前程，豈只「面罕微笑」，而是苦海無邊，笑不出來。我們感謝老師們都盡了心力，但教育制度如此，教育文化如此，孫女人生的童年，只得在苦海中掙扎。

我們的教育一直沉溺在「教育以培育人才爲目的，人才以考分來衡量」的迷思中，那麼考分不及格必然是非才之「材」，教育可以名正言順的放棄教育，「資源班」就是由此而存在。以考分衡量人才，以培育人才爲目的的教育制度不改變，「資源班」將永遠存在。過去俗稱「放牛班」，數十年絲毫沒有動搖，這就是我們僵硬的教育文化。

現代國家，應該沒有不及格的人民，只有不及格的教育。面對不同對象，必須尊重各別差異，即便是基礎教育，也應該採取不同教育政策和方法，以服務人民。最低限度也應該給予兒童有個希望的未來和快樂童年。

時代進步快速，轉眼就成落伍，故教育除少數外，皆應打破長期培才觀念，讓學習與工作交互前進，學校適時供給需要者最新鮮「養分」，然後又迅速貢獻於工作中，人才自工作中產生，不是埋首憑考分培育而成。肺炎疫苗未經人體實驗焉能大量運用！

中華文化「因材施教」「有教無類」，「材」的要素包括考分，而考分不能包括「材」的要素，故憑考分而教，不是「因材施教」，那是不公平的選擇教育，有違「有教無類」精神。「材」的要素，除考分外，還要包含性向、智商、品德、興趣、志願以及見識、經驗、能力等，絕非考分所能概括。這些因素經過綜合分析，始可決定其「材」的傾向。我們應該依這些傾向區分類別，製訂以「材」爲據的教學制度，憑「材」而進修，憑「材」而工作沒有爭議。工作與學習自然循環，自少至老，自強不息，更多人才將會出頭。

中華文化的教育要求，比科學觀點的考分依據更爲合理，我們的教育似要顚覆性的改革。教育目的不再以培育人才爲滿足，應以促進國家整體進步爲目的，在整體進步要求下，無論「非才」「廢材」，都要變成可教之「材」，讓人人皆爲有用之才，必將提升國家競爭力。果如斯，何止孫女者將會露出微笑，全國之人也將大聲歡呼教育改革了。

一〇九、七、三十

三十四、人民難以信賴

美國總統說「中共不能代表中國人民」，民進黨又何嘗可以代表中華民國人民！兩岸實力懸殊，美國表明是協助台灣抵抗中共，不是出兵爲台灣打獨立戰爭。「辣台妹」對大陸的強硬政策所持何來？中共戰機不斷越過台海中線，熱戰一觸即發，馬英九提醒「兩岸首戰即終戰」，不可兒戲，反遭毒罵媚共，軟弱，難道憑「辣台妹」的辣味就可抵擋中共的武統麼？這種不顧台灣的安危，不爲台灣人民負責的政黨，一意孤行，走向戰爭邊緣，怎能受到台灣人民的信賴，又怎能代表中華民國人民？

國民黨先天就有反共「基因」，國父中山先生早就說過「共產主義不適合於中國社會」，國民黨堅決反共，至今不變，否則兩岸早就統一。目前希望兩岸和平相處，力求交往溝通，達到和平民主統一。國民黨不追求獨立，不必惡面相向，也不願被人利用，罵國民黨是中共同路人不是無知就是欺騙人民，這樣的黨值得信賴嗎？

民進黨妄想台灣獨立，對共黨採取敵視，對大陸採取仇視，綁架國民黨要求同樣採取敵視仇視態度，否則就以舔共媚共強加於身。用這種誣陷綁架手段，作不實指控，已經失去一個政黨的黨格，誰還會信賴呢？

蔡英文說「不挑釁，不畏戰」，實際上民進黨的台獨黨綱就是挑釁，豈不是口是心非，要求兩岸談判不要有前提，民進黨先把台灣從中國領土分離才願談判，這不是前提是什麼？台灣獨立最大阻礙是中共，如今卻對打擊國民黨不遺餘力，惡鬥不已，避重就輕。目前兩岸互不隸屬，盡可宣布台灣獨立，卻不敢面對現實。中國的歷史文化民情士氣不去深入了解，輕率的妄想台獨，現在總算認清了中共的態度堅決，但仍舊執迷不悟，這樣一個昏庸的政黨，怎能承擔人民的托付。

民進黨在島內的鬥爭，鬥得天昏地暗，數不盡的花招，一回又一回鬥過不停，似乎沒有一次獲得成功。把高雄市蔣中正銅像一夜之間，砸的粉碎，銅像再也不能復原，那就算民進黨的成功嗎？天知道！不過對岸中共倒是暗地叫好，民進黨做了中共的打手還不自知。這一群心胸狹窄，目光短視，頭腦昏庸，認識不清的台獨鬥士們，想要獨立成功，無可信賴，無人相信。

一〇九、十一、二

三十五、從「九二共識」認知說宣導

（一）兩岸原就各有「一中」政府，「九二共識」最大價值不在「一中」認同，而是雙方同意「存異」，從嚴峻軍事對峙進入和平交流，乃是「九二共識」最大貢獻。

（二）「九二共識」沒有「一中各表」，只有「各自表述」。「各自表述」內容互不承認，承認就成兩國，互不否定，否定就是戰爭。「各自」之義乃是保持含糊，「存異」以維和平。爲何至今還有人高喊「一中各表」？不解！

（三）有人要求中共「正視中華民國的存在」，其實「各自表述」不加否定就是尊重中華民國的存在，並且平等對待。至於「一國兩制」是中共統一條件，我若不接受，可另提方案，雙方討論決定，那是後事。

（四）蔡英文不認「一中」就是挑釁，她說「不挑釁」全是謊言，欺騙人民。對中共強硬敵對，乃激發台獨意識手段，只爲一黨之私，不顧台灣安危。

（五）蔡當中華民國總統就該服膺「一中」憲法，藍營無須要求承認「九二共識」，背叛「一中」原則就是竊國賊。

（六）不願「一國兩制」就該另提統一方案，絕不可保持「無作爲」等待被武統。

（七）「首戰即終戰」本是爲台灣安危著想，勿輕起戰端。蘇貞昌批評「軟弱」「舔共」，我們沒有跟續駁斥，就成社會結論，效果相反，宣導後繼無力。

（八）東山作戰，筆者在戰地遇一當地男童不足十歲，我給他一片戰備餅乾，他回說「這是蔣介石地主剝削人民的餅乾」，稚童也有一番說詞。反觀我們對「九二共識」的認知，即便是高官，至今亦無一能說得清講得明，稚童不如，足見我們的宣導與對岸落差之大，難以想像。往日大陸失敗教訓，代價還不夠大嗎？

（九）民進黨罵國民黨是「賣台集團」，國民黨只在「沒有賣台」上描來描去，不會破解，也不會回罵他們是「害台亂黨」。如今「賣台不成」，倒是害台悽慘，兩岸緊張，交流斷絕，旅遊餐飲交通客店一片哀號，這不是亂黨所爲麼！國民黨的宣導，既不會守，又不會攻，本著阿Q精神，容忍言論自由，實際是宣導嚴重失職。

（十）思想是力量泉源，鞏固國民黨中心思想除論述以外，還要靠宣導。當年背叛中華民國視爲賣國賊，如今中華民國依舊存在，締造中華民國的國民黨竟被罵爲出賣國土的「賣台集團」，我們的宣導怎無扭轉之力？怎不能「鼓風潮，造時勢」「攻克選勝」，反被侮罵！

一〇九、十一、十三

三十六、「只緣身在此山中」

世界各國都知道台灣戰略地位重要，惟有住在台灣的人不知台灣重要，因爲身在台灣，不知外界如何看台灣。中國大陸面對太平洋，被一串鏈島封鎖，中共極思突破，武統台灣，只是時機不順，但絕不罷休。

美國太平洋防線中不能缺少台灣，同樣不肯輕易放手，美國總統川普，最近主動售予我們大批武器以抵抗中共侵犯，對我們的防共力量特別關注。可惜我們藍綠兩黨都不認識這樣的情勢，不知道台灣的戰略地位重要在那裡？

民進黨奮鬥目標是爭取台灣獨立，數十年努力並無進展，就該要求美國協助，達到獨立目標，否則我們不買武器不吃萊豬。民進黨若眞正了解台灣的重要就該充分利用？

國民黨主張統一，中共更渴望統一，國民黨就該憑台灣地位對大陸的重要，要求中共修改共產主義，確實做好「改革開放」，兩岸共同合作，努力邁向自由民主之路，完成統一大業。

中共若不願改革，將永無統一的可能。美國永遠站在自由民主一邊，兩岸統一又待何時？

尤其國民黨，背負著國父建國理想，兩蔣統一願望，和兩岸億萬同胞的期求，都希望民主自由和平過著幸福生活，責任重大。而目標光明，本著和善合作態度，以自由民主去改變大陸，相信國際及全球華人，都將群起支持。如今全世界已激起反共浪潮，四面八方都在圍堵中共，國民黨何不把握時機，採取積極行動？任憑美國武力如何強大，只能從外圍堵，惟有中國國民黨得天獨厚，有權也有能力與中共面對面商討國事，從中共內部改變中國，如此形勢大好時機，對台灣地位重要價值不加利用又待何時？

遺憾的今日藍綠兩黨，都沉溺在島内惡鬥中，鬥得昏天黑地，不知今夕何夕？而美國人則在一旁偷笑，鬥得愈久愈對美國有利，鬥得精疲力盡，依賴美國愈深。

藍營不斷要求蔡政府承認「九二共識」，即使承認「一中」就能統一嗎？民進黨今天改課章，明天砸銅像，一面沒收黨產，一面搞轉型正義，小動作不斷。堂堂立法院長要衛福部長陳時中改名陳時台，這群小鼻子小眼睛的政治人物怎能成大事？不管統與獨，不爲自己的目標而奮鬥，卻在互相惡鬥費盡心機，蹧蹋台灣地位價值。

一〇九、十二、十一

三十七、談青少育樂活動

競選民意代表，其政見多爲經濟建設，社會建設，或福利政策等，很少涉及育樂問題。其實正常的育樂活動，可以幫助經濟發展，社會穩定，人民的身心健康，提高生活品質。只可惜人們都希望「有感」政策，無形的、精神的、文化的、育樂的，一方面成效顯現較慢又不顯著，不能吸引即時選票，侯選人多不願提，這似乎是民主選舉的缺陷。

都市裡很多公園綠地，大多設有滑梯秋韆等兒童育樂設施，也有很多適合老人活動設施。這在公園的內容上有些點輟意義，不然就很單調，成年人遊憩其間，呼吸新鮮空氣，運動散步都很愜意。惟有國小高年級學生，國中高中生，都缺乏育樂場所。雖然各學校都有相關社團，似乎沒有發揮一定功能。

一次參加小學小孫女的全校運動會，那是個星期六的假日，家長來賓很多，非常熱鬧。隔鄰的國中學生，一群一群都圍繞在運動場外緣，遠看熙熙攘攘，互相交談喜笑，似乎沒有什麼目的，也不參加比賽，只是來湊熱鬧，從另一角度而言豈不無聊。我從未看過這麼多的國中學生在隔鄰國小運動會場外聚集，約有一兩百人，無聊地交談嘻笑，運動會罷又寂寞地散去。我也從未看過有很多青年學子相聚一起打球遊戲做有益心身等文化活動，不是全然沒有而是少見。高雄市文化中心大廳，假日必有很多男女青少，約是國中學生，在那裡練習舞姿，除牆壁嵌有大鏡外，別無任何設施。他們席地而坐，就地滾翻，倒也樂在其中。我們看到以上這許多現象，可以推想社會缺少對這些青少的關懷，青少們的育樂活動嚴重荒蕪。固然假日各個圖書館滿滿都是用功讀書的孩子，不過用功也要育樂調節，不願用功讀書的孩子，更要有正當育樂的規導。這一群不大不小的孩子，都是國家未來的主人，社會的中堅，缺少正當育樂活動，是教育對這一階段青少的荒廢。我們的家長們，都希望子女成龍成鳳，就不知龍鳳良好的生活教育，育樂教育，更能幫助龍鳳的成長、健全、發展。可憐這群孩子們，放學回家，家長忙於事業，無人管理，只得三五相約，至鄰校去看運動會，嘻笑玩鬧一陣，又無聊地回家。民主政治，沒有這群孩子的代言人，這樣的民主何須讚美！

一〇九、十二、十三

三十八、未來的希望

習近平在聯合國大會演說，他不爭取霸權，言下就是指罵美國不斷擴張霸權。其實資本主義就是霸權主義，在自由競爭下，擴張霸權，似乎「理直氣壯」，不了解東西文化差異，罵亦白罵。

資本主義憑資本的雄厚，維護市場優勢，無論農工商科技等，處處追求領先，充實軍事武備，目的就在維護資源供應無缺，讓霸權長長久久。若不能稱霸，那麼資本主義便黯然失色，美國也不能如今強大。

資本主義雖然是霸權主義，但尊重自由民主人權，信守國際規範，他們願意在公平競中爭取勝利。然而有利條件往往掌握在資本家手中，說是公平卻不見得眞正公平。

最近有位教授罵中共沒有人性，其實共產主義是惟物論者，靠鬥爭而進步，不講溫情，用科學的機械方式管理人民，沒有人性，他們也聽不懂什麼叫人性，同樣的，罵也等於白罵。共產黨也講自由民主人權，但必須是共產主義規範下所允許，冒犯共產主義便用「共產法律」治罪，那麼這樣的法治能稱爲自由民主的法治社會嗎？他們把人民當成一群飼養的動物，有吃有穿有作有息平等對待只是動物。

人性愛自由是天生自然的權利，「不自由無寧死」，人性不能舒展，戕害了文化滋長，長久以往成爲禽獸社會。大陸一聲改革開放，一時之間不知所措，不管在位高官或紅二代，上上下下一片貪污風潮，泛濫成災。經長久壓抑的人性，個個想擁有私人財富，人人想發財的人性，如核子彈爆發。這充分說明，共產黨嚴格控制人性的失敗，也是對共產主義的否定，更顯示人性暴發力的驚人，可惜他們走錯了貪污之路。

資本主義不是完美的主義，共產主義是沒有人性的主義，未來都會沒落消失，只有以中華文化爲基礎的三民主義，可以開花結果，爲世界帶來和平幸福。我們的憲法，開宗明義的說，「中華民國基於三民主義爲民有民治民享之共和國」，這就是我們未來希望。

一〇九、十二、二七

三十九、三民主義出頭天

習近平不止一次的批評美國擴充霸權，美國人聽不懂何意？因爲資本主義就是重視霸權，何來批評？資本自由擴張，主要在霸占市場。今天全世界都在自由競爭，不能與人競爭難以生存，不能爭霸世界，美國也不會如今強大。在公認的自由規範中，爭取霸占，視爲天經地義。

中國人看到霸字便認爲這是個不受歡迎的字眼，所謂霸權霸道霸凌惡霸等都是負面語句。霸道反面是仁道，可說是中華文化中心思想，川普不識中華文化，所以也不知如何爭論，但中共了解中華文化，可是共產主義不重視自由民主人權，沒有仁道精神，卻批評美國霸道，豈是合理？

資本主義也是個自私主義，只爲擴張財富，沒有更高尚目的，當自由競爭到達巔峰，利害衝突互不相讓時，只有戰爭。而共產主義，雖有爲人民爭平等目的，但採取的方法手段，因惟物思想毫無人性，控制人民自由，共產專政沒有民主，不爲世人所歡迎。

我們重視自由的理由，不僅愛自由是人類天性，也是與生俱來的人性，更重要的，戕害自由，便扼殺了人類文化的滋長，長久以往，社會衰竭，這將是人類悲哀！

資本主義不是完美的主義，共產主義更是違背人性控制人民自由的主義，兩者強烈對抗，互不相讓，看來是三民主義發揮影響力的時代。

三民主義以中華文化爲基礎，仁愛爲思想中心。我們用仁愛去補救資本主義社會對窮國及弱勢團體生存發展的不足。我們用仁愛去摧毀惟物思想，推動合乎人性的人類平等，不是把人民都當成平等的奴隸。只要三民主義發揚光大，在台灣社會實施有成，自由民主人人幸福，那怕資本主義，共產主義如何強悍，看到三民主義的完美，他們都不再對抗，各自息兵回家，等待我們三民主義訪問團到訪。三民主義要出頭天了，我們的三民主義研究所加油吧！

一一〇、一一、九

四十、思想落後

美國總統川普，激起一片反共浪潮，美國飛機戰艦，不斷接近中國大陸沿海繞行，熱戰似乎一觸即發。美國自由強大，中共專制崛起，兩者之間矛盾嚴峻，論者都說最後難免一戰。所幸拜登當選，川普下台，暫緩了緊張情勢。不過兩強之間矛盾仍舊存在，繼續惡化。

世人都知道，僅憑戰爭不能徹底解決問題，更帶來無情災難。新當選的美國總統拜登，捨棄了戰爭，改以自由民主人權迫使中共覺悟，要求中共遵守國際規範。然而這套和平方法對付中共，有效果嗎？

共產主義實現於人類社會才一百多年，因看到資本主義的缺失和社會危機，他們豎起爲人類爭平等的大纛，主張資產共有，分配公平，無產階級專政，他們替人民伸張正義值得欽佩。可惜他們是無神論者，唯物觀念，他們號稱科學的共產主義，所以不講溫情，沒有人性，他們頂著人民的公平正義，把自由民主人權不看在眼裡，新疆西藏最近的香港，種種作爲，人人咒罵，他們卻是爲了人民，理直氣壯，只笑自由世界思想落後。

的確，自由世界的思想是落後了，過去的戰爭，爲了利益，爲了仇恨，爲了擴張，爲了侵害。如今已進入了「思想總體戰」時代，不再是舊有形式。

共產主義爲人民爭平等，解決社會問題，世界上沒有任何主義比共產主義更澈底，更激進。美國新任總統拜登，用反專制反對控制人民，以自由民主人權去攻擊共產主義，仍舊是落後思想，可能有些效果，但絕不能擊敗中共。習近平在崛起強壯後，放眼資本主義世界，無一能爲社會解決平等問題，無一可與共產主義相比，將更加囂張。

我們必須檢討資本主義的不足或缺失，提出有效方法，去解決貧富差距問題，眞正公平問題，及合理所得分配問題等，相與比較。我們不是以資本主義的自由民主去勝過共產主義的控制人民，而是爲了解決社會種種不合理現象所採取的方法，勝過共產主義想要達成的目標。我們的思想建全方法完美，讓共產主義者獸性無從發揮。相比之下，自動消失。這就是今日的「思想總體戰」。顯然我們的思想落後了。

一一〇、一一、二十

四十一、反共的中國國民黨

中國國民黨締造中華民國，其時還沒有中國共產黨的影子，直到民國十年，上海才有「馬克斯學會」的出現，隨後國民黨陳誠等人也成立了「孫文主義學會」以茲對抗。國民黨一開始就以思想主義來反共。國父孫中山先生講述「三民主義」就是反共先鋒，並告訴俄國人「共產主義不適於中國社會」批評「共產黨是社會病理學家，不是生理學家」。先總統蔣公更去蘇聯實地考察，也認為共產主義不可行。由於民國初創，北伐抗日內戰紛擾不斷。其時中共自稱土地改革者，美國人也信以為眞，國民黨在紛亂中推動農民減租，直到光復台灣，才認眞的在台實施土地改革，以三民主義的「耕者有其田」來抵制中共的強勢掠奪。繼之推行地方自治，民主選舉，延長國民義務教育，全力進行經濟建設等，因為貧窮和無知乃是共產主義發展溫床。這些都是沒有火藥味的反共「作戰」，先總統蔣公說「現代戰爭乃是以武力為後盾的思想總體戰」。

中共本質是唯物主義，無神論者，不講溫情，沒有人性，以鬥爭爲進步動力。頂著爲人民爭平等的謊言，什麼自由民主人權都是次要。無論新疆西藏，天安門的屠殺，香港的鎮壓濫捕，全都是「名正言順，光明正大」，毫不在乎外人的批評。他們毀傷了民族靈魂，屠殺了固有文化，長久以往，社會暗淡，人類走向絕境，人民一個個都成爲共產柵欄中聽命使喚的奴隸，能夠長久安定嗎？

國父主張心物合一論，就是矯正共產唯物的偏激。講述三民主義是發揚中華文化，推動自由民主，追求民主進步，這就是我們反共的利器。可惜今天把三民主義中華文化全都忘懷了。要不然我們把三民主義內容更加充實完備，使老有所終，幼有所養，讓青壯年全心全力發揮於經濟建設。使得我們三民主義的社會，處處都勝過共產主義，然後我們的代表團，去至北京，與中共代表，共同坐在天安門中山先生遺像前，把中山先生創造的三民主義實施成果，展現給大陸同胞面前，討論兩岸統一問題，讓兩岸人民理性選擇，再不要堅持非共產專政不可吧！中山先生遺像高高懸掛在上，能不認同「天下爲公」！

一一〇、二、十八

四十二、聰明有餘的民進黨

民進黨一路走來小動作不斷，修課綱，砸銅像，轉型正義，去蔣去中國化等等，多的數不盡，到底對台獨有多少幫助沒人知道，不過距離獨立目標還很遙遠。

最近馬英九頻走法院，韓國瑜說「政治追殺」，果真把國民黨趕盡殺絕，台灣就能獨立嗎？可笑。

兩岸關係自民進黨執政以來不斷降溫，堅不承認「九二共識」，弄得共機日日擾台，甚至越過海峽中線。其實「九二共識」中「各自表述」其表述內容互不承認，也互不否定，這不就是民進黨所要的「一邊一國」麼！只欠宣布獨立，何所遲疑？

儘管「九二共識」承認一個中國，但兩岸政府各不隸屬，況且承認「九二共識」不代表已經統一，拒絕「九二共識」也不代表已經獨立，何此猶豫？獨立的癥結還看中共態度，但承認「九二共識」方可與之談判，提出要求，好堂正走向獨立之路，不談判則又何須「遲疑」？談判破裂，就要有破裂打算，不談判先破裂，更要有破裂的準備，而久久不決，難道等待對岸武統麼？

國民黨爲了兩岸人民幸福，爲了國家統一，避免兩岸惡面相向，希望互相交流溝通，逐漸改變中共態度，達到自由民主統一中國目的，中共也會以和平態度對待我們。民進黨以台獨爲目的，執政後便立即被切斷所有交流管道，用文攻武赫以對，民進黨「手握掃把也要拼命到底」，眞是不顧台灣安危，沒有把台灣人民生命財產放在心中，只求一黨之私。還要把國民黨拖下水，一同反共抗中，與台獨一致強硬對付中共。國民黨不從，便罵媚共，軟弱，賣台，一個光明正大，追求和平，讓民主自由兩岸幸福一家的政黨，被罵的無法抬頭。

兩岸關係不是罵國民黨就能解決，何況兩岸實力懸殊，強硬抗衡只求一爽。

智慧的決策，在冷靜以對，從長討論兩岸問題，逐漸改變對方態度。然而民進黨另有打算，他們善用人民反共心裡，激發反大陸的台獨情緒，擴大民粹力量，鞏固自己政權。這些用心，一般人民難以知曉，就是拖國民黨下水的計謀，也不爲人民察覺，以致跟著民進黨罵國民黨媚共、軟弱、出賣台灣。國民黨被罵得直喊「沒有賣台」，也沒人理會。民進黨對「獨立大業」一無進展，而打擊國民黨倒是聰明有餘。

一一〇、二、二一

四十三、國民黨的首要任務

中共急要武統，島內分歧如此，想統不得統，想獨不能獨，國民黨就該挺身而出，呼籲藍綠停止惡鬥，共同合作以抵禦中共威脅爲優先。

國民黨背負著歷史使命，爲了兩岸人民開創自由民主和平安定生活，不能不從團結島內力量開始，這是國民黨目前首要任務，不妨先從無關統獨議題做起。

一、我們的民主政治行之有年，認眞而言，尚有很多瑕疵。偶遇大陸訪客，或有批評，不管他們的批評是否正確，也許是譏諷，如果不設法遏止，豈不增加他們武統的欲望。反之，我們的自由民主無懈可擊，國際讚譽，自由民主的優越制度，普遍感染到大陸地區，中共必然生畏，還敢輕易武統嗎？這是解除中共威脅，最能掌握在自己手中的利器，不分藍綠，何不共同改善強化？

二、共機不斷擾台，我們的生存受到直接威脅，覆巢之下沒有完卵，我們不得不擱置統獨爭議，共同保護台灣的生存爲優先，維持中華民國抵制共產洪流的中流砥柱地位，唯能生存，才有希望。

三、中共殺地主沒收土地，手段殘忍，不顧人民的自由民主人權，嚴厲監控人民，主張唯物主義，泯滅人性，不停威脅武統，我們只知買武器，尋求外力保護，但自己的優良文化，以仁愛爲中心，以「民爲貴」，正是剋制共產主義最好武器。國父中山先生的「心物合一」論，足以消滅無神論的唯物思想，就該充分宏揚，認眞實踐，以中華文化來鞏固自己，感化共產黨員。

四、現代戰爭是「以武力爲後盾的思想總體戰」，如今我們思想一片空白，明載於憲法的三民主義，就是破除共產迷思的思想利器，就該加強研究，不斷充實，認眞實現，顯耀我們的成果，然後正面與共產主義作比較，與中共黨校舉行比較討論會，瓦解共黨的思想武裝。

共產思想有一套完整思想邏輯，他們以爭取人民平等，解決社會問題爲目的，可惜方法錯誤手段殘忍。而資本主義，又無法解決人民平等問題，因此中共認爲只有共產主義能救世界人類，所以不顧違背民主自由人權，自認理直氣壯。美國總統拜登，以自由民主人權來反共，還在外圍徘徊，不能擊破共產核心。我們的三民主義，優於資本主義，更優於共產主義，就該以國家力量，組成研究團隊，從事三民主義研究與發展，並督導實施，以實施成果破滅共產之禍。

藍綠互鬥，絕不是你死我就可活，雙方盡快達成共識。政治人物要敞開胸襟、放眼世界、洞矚未來，雙方摒除萬難，促進團結。國民黨不領頭去做，誰來領頭做？

一一〇、三、五

四十四、誰為習近平解套

習近平一心要兩岸統一，多少年來一籌莫展，文統要「一國兩制」，台灣藍綠都不同意。武統要戰爭，美國警告「不會坐視」，如果不統則鏈島封鎖，走不出太平洋，躊躇不前，不知如何是好。

中國國民黨締造了「中華民國」，身負國父建國理想，爲兩岸人民自由民主幸福而奮鬥，中國國民黨不能忘記統一中國，拯救萬民的責任。兩岸既都希望統一，就該爲習近平解套。因爲共產主義，緊緊捆住了習近平，不給機會，不替他鬆捆解套，怎能談兩岸統一問題，而解套未嘗不是國民黨爲完成任務又向前推進一步。

自由民主普世價值，中國國民黨堅持不變，也是台灣地區人民一致的要求。自由民主沒有折扣，但可緩步前進，在大陸同胞共同努力下，逐步建立民主制度，國民黨應該提供服務，貢獻民主。中國共產黨「家天下」的思維，絕不能解決兩岸問題。中華河山，是兩岸十數億人民所共有，誰來主政由人民自由選擇，民主決定，豈是長期由一黨獨占？而長期一黨專政，讓天下人咒罵反對，又能堅持多久？世界的圍堵會鬆懈嗎？

共產主義經改革開放，號稱「中國式的社會主義」，顯然溶合了中華文化，而我們的三民主義就是以中華文化爲基礎，同時國父也曾說，三民主義就是社會主義，那麼三民主義與中國式的社會主義爲何不能合而爲一？

先從學術探討開始，進而增減修改合而爲一，兩岸試行實驗，求得結論，將可一國一制下統一，那麼兩岸一家的新中國豈不順利誕生，這不是解套了麼？

共產主義從實踐中已經證明失敗，蘇聯放棄，鄧小平改革，面目全非。習近平爲了打貪，又恢復控制人民，走回頭路。我們同情習的不得已，但時代潮流，不斷進步演化，終將捨棄。再說爲了打貪，用盡黨的力量，任憑如何集權控制，也比不上民主制度全民監督政府爲佳。能治國者不是忠貞共產黨員，而是有遠見有胸懷的政治家。

資本主義不是完美的主義，雖然重視自由民主人權，但進步的條件，多掌握在資本家手中，難說眞正公平。共產主義，惟物思想，忽視人性，違背中華文化，不適合於中國社會。中共近幾年的崛起，因素很多，不是共產制度的優越造成，中共領導者必須冷靜思考。三民主義是純粹中國的產品，合乎中華文化，應乎世界潮流，是自由民主的社會主義，最適合中國社會，能解決社會不平問題，應該可爲習近平解套，只待國民黨啓動解套機制。

一一〇、三、十一

四十五、中國國民黨力大無窮

轉眼國民黨主席又要改選了，上次選舉，我曾提出加強國民黨中心思想問題，這次我要提醒的是「中國國民黨力大無窮」，競選者不能不知。中國國民黨的力量潛藏在台灣，大陸，海外華人，國際友人之間，這些力量匯集起來，大過民進黨，大過世界任何政黨，大過中國共產黨。中國國民黨主席不但要了解這些力量的存在，還要懂得如何激發匯集運用。

韓國瑜沒有三頭六臂，沒有奇技異術，他高喊「九二共識」「反對台獨」「庶民經濟」等，都是國民黨一貫主張，只憑他一股奮鬥精神，翻轉選局。他的支持者遍布全台，海內海外，直到目前民調，仍舊居高不下。支持者中不全是國民黨黨員，誰說這些粉絲，不是國民黨的後盾力量？這些力量不是韓國瑜私有，早就潛存在民間，無論何人領導，只要有能力激發，便自然地產生出來，無可估量。

大陸自鄧小平宣布改革後，掀起滿街個體戶，他們寧願放棄固定薪水，離崗自己奮鬥，這就是嚮往自由的力量。再者共黨高官及紅二代等一片貪污現象，習近平打貪成爲英雄，至今還沒有打完，可見貪污之廣，滲入之深，這些都足以說明共產主義的失敗。愛自由，愛有私人財產，是天生人性，不是強迫「共產」所能改變，這些不就是國民黨可招喚的反共力量嗎！加上自由民主的嚮往，人性的呼喚，大陸同胞全都是國民黨的潛在力量，一經匯集威力驚人。

海外華人多數擁護中華民國，雙十國慶總要回來慶賀，他們久居海外，對自由民主的領略深刻，對共產主義多生厭惡，浪跡海外，無不希望有個自由民主進步的祖國，只要國民黨的自由民主列車開向大陸，無不興高采烈，振臂歡呼。

美國武力雄厚，何嘗輕易動武，拜登上台，強調自由民主人權，但中共置之不理，亦無可奈何。而武力只能圍堵，不能進攻心臟。全世界只有中國國民黨有權也有力量與中共面對面討論自由民主問題。雙方都承認「九二共識」，中國國民黨具有廣泛發言權，並可以走進中共內庭去改變中共，這就是國民黨的歷史地位和現代價值。中國國民黨未來主席，必須認識自己，發揚黨的價值力量，將超過美國對付中共的軍力。

中國國民黨不僅是台灣地區的政黨，而是全中國的政黨，更是世界的政黨，可發揮無窮力量，能消除自由世界與共產世界緊張關係。更有三民主義，勝過資本主義，優於共產主義，迫使中共的「共產革命」喪失價值，所有共產黨員，豈不是我們的潛藏力量麼！

一一〇、三、二十

四十六、「思想總體戰」

先總統蔣公曾說，「現代戰爭乃是以武力爲後盾的思想總體戰」，幾十年來我們竟全然忘記了。蔡總統只知買武器抗中共，從不知什麼叫「思想總體戰」。抗日結束，中國大陸一片貧窮，中共乘機以「無產階級專政」「窮人翻身」等口號，擊敗了國軍三百萬雄師，是中共思想戰宣傳戰的勝利。我們 退守台灣，痛定思痛，首先進行土地改革，使「耕者有其田」，進而延長義務教育，促進經濟起飛，實施地方自治，舉行民主選舉，並輔以戒嚴措施，終使中共無法越雷池一步。由於貧窮與無知乃是共產主義發展溫床，這些政策有效阻止了共黨的滲透，確保了台灣安全，這就是思想總體戰的效果。

中共自量武統台灣畢竟成本太高，習近平始終保持和平處理兩岸問題，至於共機越過台海中線，航母繞台行駛，那是給國際了解台灣是中國領土一部分，只要國際「一中」政策不變，中共將不會輕易武統，這不表示拋棄台灣或不再武統，眞正意圖乃是加強思想作戰，和平統一台灣。兩岸實力懸殊，而共產主義又如此「優越」，若不能使台灣人民和平信服，豈不沒有面子。

中共圖謀台灣有兩個籍口，第一台灣是中國一部份，當然要回歸「祖國」。第二他們認爲資本主義很多缺失，無法解決社會問題，全世界包括美國在內，最後必然都要回歸共產社會。由於共產主義的「優越」，共產黨必須肩負世界革命責任。這就是共產黨的圖台思想戰基礎。

在台灣的同胞們！我們必須了解兩岸戰爭是一個思想戰決定勝負的戰爭，不是憑武力可以致勝，不是靠經濟可以贏過，不是自由民主就可穿透中共心臟，不過這些都是思想總體戰的一部分，我們一項也不能鬆懈，此外還有更多項目有待努力，只是致命的打擊還在思想對思想主義對主義，只有共產思想受到阻礙，共產黨才會失去動能，走向衰微消失。我們要從速充實三民主義理論，加強三民主義政策，共產黨常批評三民主義重視生產忽視分配，我們就要以中華文化仁愛精神去補充分配問題，反對惟物思想，違背人性的機械式分配。我們用三民主義在台灣實施成果，逐項比較去擊敗共產主義，讓共產黨人喪失共產主義優越感，覺醒共產主義不是世界最完美主義，破滅共產黨員世界革命之夢，這才能解除中共長期威脅。

若能大施宣傳，發動思想攻勢，讓兩岸人民都樂於追隨三民主義思想，號召全球華人支持三民主義統一中國，國際必然響應，國家統一在望。

在台灣的同胞們！海峽未來局勢，不是三民主義統一中國，就是共產主義統一台灣，沒有第三條道路，我們在三民主義思想戰下，不畏中共的武力強大，只怕不會掌握自己的思想。

一一〇、六、八

國家圖書館出版品預行編目資料

呆人痴語（增修版）／劉克慶著. --初版.--臺中市：白象文化事業有限公司，2021.9
面； 公分.
ISBN 978-626-7018-47-7（平裝）
1.言論集 2.時事評論
078 110012934

呆人痴語（增修版）

作　　者　劉克慶
發 行 人　張輝潭
出版發行　白象文化事業有限公司
412台中市大里區科技路1號8樓之2（台中軟體園區）
出版專線：（04）2496-5995　傳真：（04）2496-9901
401台中市東區和平街228巷44號（經銷部）
購書專線：（04）2220-8589　傳真：（04）2220-8505
出版編印　林榮威、陳逸儒、黃麗穎、水邊、陳媁婷、李婕
設計創意　張禮南、何佳諠
經銷推廣　李莉吟、莊博亞、劉育姍、李如玉
經紀企劃　張輝潭、徐錦淳、廖書湘、黃姿虹
營運管理　林金郎、曾千熏
印　　刷　普羅文化股份有限公司
初版一刷　2021年09月
定　　價　300元

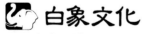